使命 担当 创新

——高职扩招专项行动的
实践历程与思考

● 陈鹏 李俊雅 唐振华 林瑞双 编著

中国教育出版传媒集团
高等教育出版社·北京

内容提要

本书是对《2019年政府工作报告》中提出的高职扩招专项行动的总结性报告。全书以时间脉络轴为主线，以"历程"与"思考"为主题，从高职扩招的实施背景和现实意义出发，聚焦顶层设计和地方行动，以中央和地方相关政策、数据分析和案例为支撑，全面总结实施成效。同时聚焦教育本身，分析高职扩招后带来的机遇与挑战，提出应对举措。

本书能够为教育行政部门、高职院校提供参考，帮助广大读者对高职扩招有进一步的了解，为职业教育的高质量发展作出一点贡献。

图书在版编目（CIP）数据

使命　担当　创新：高职扩招专项行动的实践历程与思考 / 陈鹏等编著. ——北京：高等教育出版社，2023.8
ISBN 978-7-04-060827-4

Ⅰ.①使… Ⅱ.①陈… Ⅲ.①高等职业教育-招生制度-研究-中国 Ⅳ.①G718.5

中国国家版本馆CIP数据核字（2023）第125575号

使命　担当　创新——高职扩招专项行动的实践历程与思考
Shiming Dandang Chuangxin: Gaozhi Kuozhao Zhuanxiang Xingdong de Shijian Licheng yu Sikao

策划编辑	叶　波	责任编辑	桑　丽	封面设计	姜　磊	版式设计	杨　树
责任绘图	马天驰	责任校对	张　薇	责任印制	耿　轩		

出版发行	高等教育出版社	网　　址	http://www.hep.edu.cn
社　　址	北京市西城区德外大街4号		http://www.hep.com.cn
邮政编码	100120	网上订购	http://www.hepmall.com.cn
印　　刷	河北信瑞彩印刷有限公司		http://www.hepmall.com
开　　本	787 mm×1092 mm　1/16		http://www.hepmall.cn
印　　张	10.5		
字　　数	130千字	版　　次	2023年8月第1版
购书热线	010-58581118	印　　次	2023年8月第1次印刷
咨询电话	400-810-0598	定　　价	35.00元

本书如有缺页、倒页、脱页等质量问题，请到所购图书销售部门联系调换
版权所有　侵权必究
物　料　号　60827-00

编委会

策　划：陈子季　林　宇　贾瑞武
主　编：陈　鹏
副主编：李俊雅　唐振华　林瑞双
编　委：尹成鑫　虞　沧　何奇彦　戎　钰　刘逸舲
　　　　金　琰　魏荷琳　王晨之　周先海　李晓秋

前　言

"加快发展现代职业教育，既有利于缓解当前就业压力，也是解决高技能人才短缺的战略之举。改革完善高职院校考试招生办法，鼓励更多应届高中毕业生和退役军人、下岗职工、农民工等报考，今年大规模扩招 100 万人。"2019 年 3 月，时任国务院总理李克强在十三届全国人大二次会议上作《政府工作报告》时，提出了高等职业教育扩招（以下简称高职扩招）这一战略部署。

改革开放以来，在高等教育领域实施全国范围的大规模扩招共有两次，第一次是 1999 年的高校扩招，经济学家汤敏以个人名义向中央提交了关于采用高校扩招来应对中国经济有关问题的建议书，建议很快被中央采纳，随后党中央、国务院作出了进一步扩大高等教育招生规模的决策。20 年后，中央又作出高职扩招的决策。两次高等教育扩招的不同之处在于后者聚焦高等职业教育领域，意味着国家迫切需要一大批高素质技术技能人才。同时，也与《中国教育现代化 2035》相衔接，体现终身教育理念，打开高职院校大门，面向退役军人、下岗职工、农民工、高素质农民、基层在岗群体、企业在岗职工等社会群体进行扩招。

我们正在为全面建设社会主义现代化国家而不懈奋斗，而教育现代化不仅是国家现代化的重要组成部分，更是国家现代化的基础支撑和引擎，事关国家发展和民族未来，具有基础性、先导性、全局性的

前 言

战略地位。教育兴则国兴，教育强则国强。正如马丁·路德·金所说，一个国家的繁荣，不取决于它的国库之殷实、城堡之坚固、公共设施之华丽，而取决于公民的文明素养，即在于人民所受教育如何。在高职扩招提出前不久，国务院发布了《国家职业教育改革实施方案》，首次以国家文件形式明确职业教育是一种教育类型、与普通教育同等重要，并且提出"没有职业教育现代化就没有教育现代化"的重要论断。中央层面已经确立了职业教育在建设教育强国中的重要战略地位，将职业教育视为教育改革的突破口，从而撬动整个教育体系的优化完善。

同时，随着2018年以来全球贸易摩擦升级、地缘政治紧张等带来的不确定性，冲击着全球贸易和投资增长，国内经济下行压力明显加大。实体经济是我国经济的重要支撑，发展壮大实体经济，将有利于缓解经济下行压力，《中共中央关于制定国民经济和社会发展第十四个五年规划和二〇三五年远景目标的建议》也明确要"坚持把发展经济着力点放在实体经济上"，而做强实体经济就需要大量技术技能人才。我国是一个人口大国，也是一个劳动力大国，要实现从劳动力大国到劳动力强国的跨越，必须提升劳动者的技术技能素养。这一点，与高等职业教育的办学方向十分契合。作为国民教育体系和人力资源开发的重要组成部分，高等职业教育旨在为各行各业输送高素质技术技能人才，而实际上它正积极发挥着这一职能。据统计，在现代制造业、战略性新兴产业和现代服务业等领域，一线新增从业人员70%以上来自职业院校毕业生。

我们常说，职业教育是教育，是经济，更是民生。在这样的大背景下实施高职扩招，就是从教育、经济、民生等多角度出发，既彰显职业教育类型特色，对高等教育进行结构性调整与优化，也是发挥职业教育人力资源开发功能，提升劳动者技能素养、促进更好就业，同时还注重职业教育社会服务职能，打开院校大门、实现人人可学，是一项利国利民的政策举措。

前言

2022年3月，时任国务院总理李克强在十三届全国人大五次会议上作《政府工作报告》，回顾2021年工作时指出，超额完成高职扩招三年行动目标。可见，在中央、地方、学校各方的共同努力下，高职扩招任务已圆满完成。当然，作为一名高职院校的教育工作者，在与身边亲朋好友交流时总会听到一些疑问：高职扩招是否汲取了高校第一次规模扩张时的经验教训，是否能处理好规模与质量的关系……我们知道，受人口、资源等因素影响，我国高等教育主要是采取集中式的标准化教育教学，而这次高职扩招，不仅是生源数量的纵向增长，还是生源类型的横向扩展，将对传统教育教学模式带来一次巨大的冲击，也势必会带来更深层次的高等教育教学变革。

因此，对高职扩招进行一次总结梳理，围绕"历程"与"思考"，回顾高职扩招实施的背景，深入挖掘其中的内涵要义，通过政策、数据和典型案例分析，展现中央与地方等不同层面、政府与学校等不同主体在高职扩招中的具体行动，研判高职扩招带来的机遇与挑战，展望高等职业教育发展的未来之路，帮助读者深刻理解高职扩招这一政策主张的使命、担当与创新。

高职扩招行动的圆满完成，并不意味着结束。借用丘吉尔的名言——"这不是结束，这甚至不是结束的开始。这只是开始的结束。"高职扩招后，高等职业教育将迎来一个新的开始，面向社会群体招生的大门已然敞开，未来的高等职业教育将拥有更加灵活的办学形式，充满更多活力，展现更加澎湃的发展激情！

陈　鹏

2022年12月

目 录

第一部分 历史使命：一项利国利民的政策主张

第一章 高职扩招的实施背景 ········ 3
第一节 我国的经济社会形势面临严峻挑战 ········ 3
第二节 实现更高质量更充分就业的民生需要 ········ 6
第三节 高等职业教育具备了一定的扩招条件 ········ 10

第二章 高职扩招的现实意义 ········ 14
第一节 有利于推进经济结构调整和产业升级 ········ 15
第二节 有利于实现更高质量更充分就业 ········ 19
第三节 有利于深化教育领域综合改革 ········ 22
第四节 有利于满足人民群众多样化教育需求 ········ 26

第二部分 责任担当：群策群力落实扩招任务

第三章 高职扩招的顶层设计 ········ 33
第一节 强化中央部门统筹联动 ········ 33
第二节 注重生源群体分类指导 ········ 38
第三节 压实地方政府主体责任 ········ 41

第四章　高职扩招的地方行动 ·················· 45

第一节　加强统筹协调力度 ·················· 45
第二节　完善考试招生办法 ·················· 53
第三节　推进学历教育与职业培训融通发展 ············ 56
第四节　改善办学条件支撑 ·················· 59
第五节　广泛宣传动员报名 ·················· 64

第五章　高职扩招的实施成效 ·················· 66

第一节　教育专业结构与产业结构适配性增强 ··········· 67
第二节　社会生源群体就业质量稳步提高 ············· 72
第三节　产业工人队伍职业素养与综合素质全面提升 ········ 77

第三部分　创新发展：倒逼高职教育教学改革

第六章　高职扩招的教学管理 ·················· 83

第一节　贯彻国家教学标准 ·················· 83
第二节　打造多元培养模式 ·················· 87
第三节　创新教学组织形式 ·················· 94
第四节　实行多元考核评价 ·················· 97

第七章　高职扩招的学生管理 ·················· 102

第一节　推行学分制和弹性学制 ················ 102
第二节　从一元管理走向多元共治 ··············· 111
第三节　打造数据融合智慧学工平台 ·············· 118

第四部分 未来之路：稳扎稳打推进高质量发展

第八章 高职扩招带来的机遇挑战 ········· 127
第一节 推动地方加快发展现代职业教育 ········· 127
第二节 促进优质资源加快实现共建共享 ········· 134
第三节 教学组织形式多样化对教育质量提出挑战 ········· 137

第九章 把握机遇推进高质量发展 ········· 142
第一节 坚定正确的职业教育办学方向 ········· 142
第二节 加快构建现代职业教育体系服务质量型扩招 ········· 146
第三节 全面提升学校内部治理效能 ········· 148

后记 ········· 151

第一部分
历史使命：一项利国利民的政策主张

历史使命：一项利国利民的政策主张 ‹‹ 第一部分

教育是国之大计、党之大计。党的十八大以来，以习近平同志为核心的党中央把职业教育提到了前所未有的高度，强调职业教育是国民教育体系和人力资源开发的重要组成部分，是广大青年打开通往成功成才大门的重要途径，肩负着培养多样化人才、传承技术技能、促进就业创业的重要职责，必须高度重视、加快发展。

2019年3月，时任国务院总理李克强在十三届全国人大二次会议政府工作报告提出，"改革完善高职院校考试招生办法，鼓励更多应届高中毕业生和退役军人、下岗职工、农民工等报考，今年大规模扩招100万人"。消息一出，引起社会各界的广泛关注和热议。这是国家首次将职业教育独立于教育工作板块，置顶国家政策层面。

扩招政策作为一项政府治理工具，其出台具有紧迫性，也具有合理性。始于1999年的高校扩招，是为了拉动内需、促进经济增长，同时也是为了让中国教育从"精英"走向"大众"，提高整体国民素质，促进国民教育观念的转变。一方面，20世纪90年代前期，中国经济过热，通货膨胀率极高；20世纪90年代后期受亚洲金融危机的影响，我国经济增幅开始下滑，经济学家指出高等教育是刺激消费、扩大内需最有潜力的影响因素，因此高校扩招政策是为了解决当时的经济困境。扩招政策带动了教育事业、餐饮服务、出版印刷等相关服务业的发展，直接或间接地创造了数以千万计的就业岗位，形成新的经济增长点。另一方面，1999年教育部公布的《面向21世纪教育振兴行动计划》中提出，力求到2010年实现大学毛入学率15%，但当时大学的毛入学率仅有5%。扩招政策开始至2018年，普通本专科在校生人数达到了2 831万人，约为1998年的8.3倍、1978年的33倍，真正意义上做到了高等教育的大众化。

时隔20年，政府工作报告提出高职院校扩招100万人，这是中国社会急剧变革背景下的时代产物，尽管从提出到落实表现出强烈的迫切性，但这是由政策问题的特殊性和紧迫性决定的。这一紧系国家之基、民生之本，关乎国力强弱、国运兴衰的战略决策，进一步明确了职业教育作为国家发展和民生稳定的重要支撑所需担负的职责与使命，为职业教育改革发展释放了政策红利。

第一章 高职扩招的实施背景

当前,全球政治经济秩序加速变革,大国关系发生转折性变化,新一轮科技革命和产业变革改变了传统的社会结构、生产方式和生活方式,我国正处于百年未有之大变局的深度调整期、百年未遇之大疫情持续影响期和"两个一百年"奋斗目标的历史交汇期,这三个现实相互叠加、交互作用,塑造了新时期我国经济社会发展错综复杂的时代背景。高职扩招是党中央、国务院立足当前全球经济下行环境、着眼于未来经济发展进行产业转型的规划,统筹推进民生保障和经济社会发展作出的一项利国利民的重大举措。

第一节 我国的经济社会形势面临严峻挑战

1. 全球政治经济秩序及大国关系出现转折性变化

当前,经济全球化、社会信息化、文化多样化深入发展,世界正处于大发展、大变革、大调整时期。随着经济实力的变化,国际体系与世界力量对比的"东升西降""新升老降"的趋势明显。1648年欧洲"三十年战争"结束后确立的以主权国家为中心并由西方国家主导的威斯特伐利亚体系已维持将近四百年,在当今新兴经济体群体性崛起、国际格局多极化加速发展的趋势下将面临更多的挑战。[1]自近代以来,

---

[1] 陈昌盛,许伟,兰宗敏,等."十四五"时期我国发展内外部环境研究[J].管理世界,2020,36(10):1-2.

世界权力首次开始向非西方国家转移扩散,一大批新兴经济体和发展中国家群体性崛起,世界经济中心向亚太转移。新型全球政治经济秩序正在加速形成。与此同时,2019年全球经济形势逆转,由2018年的"同步复苏"转向"同步减速",主要经济体货币政策由"加息""缩表"转向"降息""扩表",贸易摩擦此起彼伏,保护主义愈演愈烈,英国脱欧、地缘政治以及多地上演的民粹主义都给全球经济带来了更大的风险和挑战。

2018年,美国特朗普政府率先挑起中美贸易争端,对中国扩大加征关税的产品范围、提高税率。2019年是中华人民共和国成立70周年,也是全面建成小康社会的关键之年。这一年,中国经济发展面临的外部环境和内部条件更趋复杂,一些经济的和非经济的困难和挑战明显增多。2020年,突如其来的新冠疫情对世界经济造成严重冲击,引发全球制造业链条生产整体回落。在单边主义和保护主义抬头、贸易摩擦升级、地缘政治局势紧张、气候危机迫近和世界贸易组织陷入改革纷争等复杂多变的形势下,国际贸易负重前行,中国面临政治、经济、外交、舆论以至于军事等多方面前所未有的压力。

2. 科学技术推动生产方式和社会结构发生深刻变革

科学技术是推动社会发展的强大杠杆。纵观人类文明发展史,每一次重大的科学技术革命,都会引起生产方式、生活方式的深刻变革和社会的巨大进步。目前我们所面临的以新一代信息技术为代表的生产力变革,是社会外部因素与科学技术自身进步相结合的产物。它以一系列崭新的科学、技术的诞生为标志,促进生产力的提高,同时对生产关系、社会结构和生活方式等诸多方面产生深刻影响,并逐步引发人们在世界观、方法论、思维方式等方面的变革。

信息传输技术的进步、范围的扩大,让社会分工更为灵活。非国家行为体尤其是巨型高科技跨国公司异军突起,在全球生产组织中发挥重要作用。人工智能等突飞猛进,深刻重塑人类社会的生产生活方式。

我国作为后发国家和人口大国，在信息技术发展上具有独特技术代际跨越和市场规模优势，尤其是在部分新兴领域已经处于前沿。信息技术的发展，使许多我们过去想做却做不到的事情成为现实，使体制机制有了更多的创新空间。以互联网、云计算、大数据、人工智能等为代表的新一代信息技术，正加速与实体经济深度融合，推动制造业生产方式、组织形态、商业模式等变革与重塑，促进产业转型加速升级，使产业结构、就业结构等发生了根本性变化。

3. 高技能人才匮乏成为制约产业转型升级的最大障碍

"十三五"以来，面对复杂严峻的内外部形势，我国持续深化供给侧结构性改革，经济已由高速增长阶段转向高质量发展阶段，产业转型升级不断加速。一方面，以工业化和信息化的深度融合、创新驱动为基本特征的产业升级，促使战略性新兴产业产生并壮大，促进现有产业能级提升，必然出现大量的新岗位或新的岗位要求；另一方面，我国正处于传统低端产业向高端新兴产业转型时期，我国高素质技术技能人才供给与经济社会发展和产业转型升级要求还有很大的差距。经济结构调整的挤出效应，会迫使部分产业的劳动者重新就业，就业领域的扩大将对劳动者素质提出更高的要求，产业转型发展对高素质技术技能人才也提出了更高的需求，如随着人工智能的发展，部分重复性强、复杂程度不高的岗位将会被机器人取代，进而要求劳动者具备更复合的技术技能和问题解决、人际沟通、持续学习等核心素养。在这种背景下，高素质技术技能人才将成为支撑我国产业升级和经济结构调整的关键，也是中国从"制造大国"向"制造强国"转变、"中国制造"向"中国创造"转变的重要基础。

作为人口大国，我国劳动力市场上并不缺乏劳动者，但目前劳动人口的素质、结构还难以适应高端制造业和现代服务业发展需要，劳动者技能水平与岗位需求不匹配的就业结构性矛盾越来越突出。人力资源和社会保障部就《技能人才队伍建设工作实施方案（2018—2020

年)》的答问中提出，2018年，我国共有技能劳动者1.65亿人，仅占就业人员总量的21.3%，其中高技能人才4 791万人，仅占就业人员总量的6.2%，占技能劳动者总量的29%。另外，据相关统计数据显示，发达国家高技能人才占就业人员的比重普遍在40%～50%，例如日本高技能劳动者占技能劳动者比例已达40%以上，德国则是达到50%。2018年，人力资源和社会保障部职业能力建设司负责同志就第45届世界技能大赛集训等工作答记者问中提到，近年来我国技能劳动者的求人倍率一直在1.5以上，高级技工的求人倍率甚至达到2以上的水平，技工紧缺现象逐步从东部沿海扩散至中西部地区，从季节性演变为经常性。技能劳动者比例偏低且结构不合理，高技能人才严重匮乏，已成为制约我国产业发展和企业竞争力提升的重要瓶颈。

在现代多种教育形态中，职业教育与经济社会发展的关系最为密切。培养高素质技术技能人才是经济社会转型发展关键时期职业教育应承担的历史使命。2019年，国务院印发《国家职业教育改革实施方案》，针对技术技能人才培养总量不足、结构不合理等问题，强调要"把发展高等职业教育作为优化高等教育结构和培养大国工匠、能工巧匠的重要方式，使城乡新增劳动力更多接受高等教育"。加快高技能人才培养，壮大高技能人才队伍已经成为新时期我国职业教育建设发展的迫切任务。在这样的背景下，国家适时出台高等职业教育扩招政策，正是要优化职业教育供给，缓解高技能人才供应紧缺的问题。

第二节　实现更高质量更充分就业的民生需要

1. 实施就业优先战略和积极就业政策

就业是最大的民生。我国作为世界上劳动力资源最丰富的发展中国家，解决好就业问题事关经济社会发展全局。党的十八大以来，党中央、国务院对就业工作作出一系列重大决策部署，我国就业工作取得显著成效，就业规模持续扩大，就业结构不断优化，就业局势稳中向好，成为民生改善的坚实基础、经济发展的基本支撑、社会稳定的"压舱石"。

但也要清醒认识到，2008年国际金融危机以来，各国宏观经济政策走势分化、贸易保护主义抬头。同时，国内经济结构调整深入推进，人工智能等新技术快速迭代，这些都不可避免地会对就业产生不利影响，再加上化解就业领域固有矛盾难度大，促进就业依然面临很大挑战。就业不仅是劳动者生存的经济基础，也是其融入社会、共享发展成果的前提。党的十九大报告提出"要坚持就业优先战略和积极就业政策，实现更高质量和更充分就业"。无论从社会稳定还是经济发展的角度，在我国经济进入新常态下，坚持就业优先战略和积极就业政策都是正确的选择。正如2019年政府工作报告强调的："当前和今后一个时期，我国就业总量压力不减、结构性矛盾凸显，新的影响因素还在增加，必须把就业摆在更加突出位置。"报告首次提出"实施就业优先政策"。

坚持就业优先战略和积极就业政策，要聚焦重点群体，全力稳住就业大局。2019年，时任国务院总理李克强在《政府工作报告》中宣布高职扩招的这段文字以"多管齐下稳定和扩大就业"为首句，接着用大量篇幅规定了高校毕业生、退役军人、农民工等重点群体的就业工作要求，可以看出，高职扩招是"稳定和扩大就业"的手段之一，在这个意义上，高职扩招是用以增进就业的政策工具。无论是1999年还是2019年的扩招，直接动因都与经济增长放缓、就业需求不足、稳定社会就业有很大关系，间接动因则是未来经济发展对大量高素质技术技能人才的需求。

2. 全力推动落实"六稳""六保"工作

民生是人民幸福之基，社会和谐之本，就业是最大的民生，也是经济发展的重中之重。职业教育先驱黄炎培先生认为，职业教育的主要目的就是"使无业者有业，使有业者乐业"。接受职业教育与培训是帮助公民个体更好谋生和服务社会有机统一的重要途径。就业问题不仅事关千千万万个家庭，而且也与下一步中国经济的发展方向与政府职能转变有密切关系。

过去我们谈发展高等职业教育尤其是谈招生规模扩大，更多的是从教育视角看问题，如我们需要满足人民群众接受高等教育的需求和愿望，需要解决适龄人口上大学难问题，需要丰富我国高等教育种类和优化高等教育结构，需要提高高等教育毛入学率，等等。而今天我们虽然仍需关注关心这些问题，但更多的是从经济社会发展对技术技能人才的需求角度，从缓解特定经济形势和就业环境下的压力问题、解决好稳就业作为"六稳"之首的视角加以认识和统筹考量。1999年的高校扩招和2019年的高职扩招最直观的相同点就是为了解决就业问题。1992年到1998年，在亚洲金融危机、国企改制、市场经济改革等原因的影响下，国内出现了大规模的失业人群，城镇登记失业率攀升，6年间，国有单位职工减少将近4 000万，因此国家为了延缓学生的初次就业时间，缓解就业压力，实施扩招。①

稳定是最大的政治，根据中央经济工作会议精神，稳就业、保居民就业分别位于"六稳""六保"之首。当前世界各国几乎都把"保就业"作为宏观政策最核心的内容之一，而"保居民就业"首要目的是"保基本民生"。从2019年和2020年的《政府工作报告》看，高职扩招均被列入"稳定和扩大就业"部分，纳入国家宏观政策之中。可见稳定和扩大社会就业仍是高职扩招的首要政策意图，也是对1999年高校扩招的承接与补充。2019年的《政府工作报告》在阐述完发展现代职业教育对就业问题和产业发展的积极作用后，便提出要鼓励更多应届高中毕业生和退役军人、下岗职工、农民工等报考高职院校，这些

---

① 李一矾．扩招100万人：高职院校的机遇与挑战[J]．现代职业教育，2019(28)：162-163．

都是当前就业重点群体。

受新冠疫情影响，2020年我国就业又受到了冲击。2020年上半年全国城镇新增就业564万人，失业率为5.9%，还有大量的失业人员不能实现就业。在这个意义上，高职扩招是"稳定和扩大就业"的手段之一，是用以增进就业的政策工具。通过高职扩招，创设"充电"期，提高重点人群的就业能力。"授人以鱼不如授人以渔"，形成就业缓冲期只是稳定就业的"治标"之策，赋予就业困难人群安身立命的真本领才是扩大社会就业的"治本"之道。拓宽高职院校的招生范围，鼓励更多应届高中毕业生和退役军人、下岗工人、农民工等群体报考高职院校，不仅可以提高就业困难人群的知识文化水平，增强其社会适应能力，还能够教给他们各类实用的技术技能，为将来实现高质量就业奠定基础。

3. 提高重点人群的就业创业能力

当前，人工智能技术迅猛发展，经济全球化遭遇波折，特别是中美经济贸易摩擦给一些企业生产经营、市场预期带来不利影响，国内新老矛盾交织，经济运行稳中有变、变中有忧，这些都对就业产生深刻影响。在这样复杂多变的背景下，中国目前的就业劳动力供求总量矛盾突出。据统计，我国高校毕业生数量2019年达到834万人；退役军人5 000多万人，并以每年几十万人的速度递增，就业总量压力仍然较大；[1] 全国将新增城镇就业人口5 000万人，其中农村转移劳动力每年将达800万～1 000万人，城镇下岗职工还有400万人需要再就业。另一方面，随着科技进步加快和产业调整升级，就业的结构性矛盾更趋突出，企业裁员和招工难、"有人没活干"和"有活没人干"并存，技术技能人才短缺特别是高素质技术技能人才缺口很大。

加强技能人才队伍建设，是解决就业矛盾特别是结构性矛盾的根本

---

[1] 吕春杨. 百万扩招与退役军人学历型职业教育[J]. 教育与职业，2020(05)：28-29.

举措。职业教育坚持面向市场、服务发展、促进就业的办学方向，是培养技术技能人才、促进就业、创新创业、推动中国制造和服务上水平的重要基础。有数据表明，职业教育招生人数占比每提高1个百分点，二、三产业吸纳就业的比重就相应上升约0.5个百分点。《国家职业教育改革实施方案》明确要把发展高等职业教育作为优化高等教育结构和培养大国工匠、能工巧匠的重要方式，使城乡新增劳动力更多接受高等教育。随后国家又提出实施高职扩招，鼓励更多退役军人、农民工、下岗工人和高素质农民等群体报考，就是要充分发挥职业教育功能，帮助他们提升学历层次和技术技能水平，拥有更多职业发展机会，实现更高质量更充分就业。唯有让更多人接受职业教育，让高职院校发挥自身优势，使学生将学校所教知识运用到工作中去，才能让技术岗位焕发新的活力。

鉴于高等职业教育大扩招政策工具的"稳定和扩大就业"的目标指向，退役军人、农民工、下岗工人和高素质农民等群体是预期的生源群体。2019年《政府工作报告》显示，在GDP增速为6%的背景下，再培训、提高职业技能被当作是有效解决社会经济发展中就业问题的手段。因此，政府工作报告强调加快现代职业教育，既有利于缓解当前就业压力，也是解决高技能人才短缺的战略之举。

第三节　高等职业教育具备了一定的扩招条件

1. 我国建成了世界上规模最大的职业教育

经济社会发展对高技能型人才的需求是高职扩招的前提，而高职院校的规模承载能力是实现扩招的基础。我国高等职业教育自改革开放后经历了几次跨越发展。改革开放初期，我国职业教育事业进入了恢复和发展的新阶段。1980年，为了适应国民经济要求，金陵职业大学等13所短期职业大学先后建立，职业大学的兴办一定程度上缓解了当时我国高等教育比例失调的问题，是我国高等职业教育真正意义上的开端。1994年，第二次全国教育工作会议召开，会议正式提出发展高等职业教育"三改一补"的基本方针，即对现有的高等专科学校、短期职业大学和独立设置的成人高校进行改革、改组和改制，并选择部分符合条件的中专改办高等职业教育。"三改一补"梳理了高等专科学校和职业大学的关系，指明了我国高等职业教育的办学主体和发展方向，奠定了高等职业教育发展的基本格局。20世纪末，我国经济受到来自国内外各方的挑战，为了提高国民素质，也为了保持经济发展、缓解就业压力，1999年我国高等教育的扩招之路正式开启，并将10万人的招生增量用于高等职业教育，高等职业教育进入了规模发展阶段。规模的迅速扩张，不可避免地给教育质量带来影响。伴随着高等教育大众化，高等职业教育作为相对独立的办学层次和类型，其办学体系、办学特色、办学模式逐渐成形，不仅成为高等教育体系中不可替代的组成部分，也成为职业教育体系中培养高素质技术技能型人才的"摇篮"。

经过多年的努力和发展，我国已经建成世界规模最大的职业教育体系。2019年底，全国共有职业院校1.15万所；中等职业教育和普通专科招生1 083.98万人，在校生2 857.18万人。其中，全国中等职业教育共有学校1.01万所，高职（专科）院校1 423所，本科层次职业教育试点学校22所。中等职业教育招生600.37万人，在校生1 576.47万人，招生和在校生分别占高中阶段教育的41.70%、39.46%；高职（专科）招生483.61万人，在校生1 280.71万人，招生和在校生分别占普通本专科的52.90%、42.25%。[①]广泛开展各类培训，每年培训上亿人次。改革开放40多年来，我国各级各类职业院校毕业生累计达2亿多人，现在每年毕业生有1 000万人左右，为"中国制造"输送了大量高

---

① 数据来源：教育部.2019年教育统计数据.

素质劳动者和技术技能人才，使之成为社会主义现代化建设的中坚力量，为国家经济社会发展提供了不可或缺的人力资源支撑。

2. 高等职业教育内涵和质量得到社会认可

经过长期探索实践，我国高等职业教育取得长足进步，跨过了规模扩张的历史阶段，开启了以深化内涵建设为主要任务的新征程。2006年，国家示范性高等职业院校建设计划启动，先后遴选100所国家示范性高等职业院校，高等职业教育由此转向内涵发展。2010年，在原有示范校的基础上，又新增100所骨干高职建设院校。示范校和骨干校建设项目使高职院校的内涵水平得到大幅度提升，在办学条件、教学质量、管理水平和辐射能力等方面有了较大提高。2014年，国务院印发《关于加快发展现代职业教育的决定》，提出要创新发展高等职业教育，在产学研合作、社会经济服务等方面提出了更高的要求，高等职业教育向着做优做强的方向发展。党的十八大以来，党和国家以前所未有的力度推动职业教育改革发展，将职业教育改革作为教育综合改革突破口，进一步优化政策供给水平，完善体制机制，加强制度创新，提升服务水平，将习近平总书记关于职业教育的重要论述和对职业教育"前途广阔、大有可为"的殷切期盼，转化为坚定不移走中国特色职业教育类型发展道路、加快实现高质量发展的生动实践。

自2006年起，国家通过点面改革交替、协同推进，创造了高等职业教育高质量发展的生动实践。一方面，以项目建设为引领，相继实施示范校、骨干校、优质校、双高计划，扶优扶强，在点上示范打造品牌特色，助推一批优秀高职院校成为管理的示范、改革的示范和发展的示范。另一方面，以专项计划为引擎，接续开展创新发展行动计划、管理水平提升行动计划、提质培优行动计划，以面上改革推动整体发展，高等职业教育内涵建设和质量提升工程取得了丰硕成果。高职院校注重贴近区域经济发展，着力培养"下得去、留得住、用得好"的人才，越来越得到社会各界的认可。这些都为高等职业教育百万扩招奠定了坚实基础，百万扩招也被赋予了丰富的政策愿景。

3. 在服务国家重大战略中发挥了重要作用

职业教育直接服务产业、改善民生、造福人民。据统计，"十三五"期间，全国职业学校开设 1 200 余个专业和 10 余万个专业点，基本覆盖了国民经济各领域，每年培养 1 000 万左右的高素质技术技能人才，在现代制造业、战略性新兴产业和现代服务业等领域，一线新增从业人员 70% 以上来自职业院校毕业生。职业院校毕业生成为支撑中小企业集聚发展、区域产业迈向中高端的产业生力军。[①]

此外，在促进就业创业、服务脱贫攻坚、阻断贫困代际传递等方面，职业教育也发挥了不可替代的重要作用。在服务乡村振兴战略中，截至 2018 年底，全国大约有 256 所高职院校开设了 1 000 多个涉农教育专业，能够完整对接农业现代化以及新农村建设需要，每年能够为乡村培养近 4 万名人才。在服务教育脱贫、阻断贫困代际传递方面，高职院校有 80% 以上的学生来自农村和县域，50% 的学生来自农村家庭，而且这一比例还有上升的趋势。高等职业教育面向农村、县域扩大招生规模，在促进教育公平方面发挥了重要作用。在促进区域经济均衡发展方面，高等职业教育目前已经形成了每个地级市至少有一所高职院校的布局，特别是在中西部地区，这些学校的毕业生成为当地产业发展不可忽视的力量，在促进当地经济发展，特别是缩小与发达地区经济发展水平的差距方面发挥了重要作用。

---

① 数据来源：教育部网站.教育 2020 收官系列新闻发布会第三场：介绍"十三五"期间职业教育改革发展情况.

第二章 高职扩招的现实意义

高职扩招是党中央、国务院统筹产业结构、人才结构、教育结构作出的重大决策部署，对产业转型升级，促进教育公平发展，提升劳动者技术技能、服务民生和促进扩大就业意义重大。

在服务经济发展方面，当今世界正经历百年未有之大变局，国际形势风云变幻，大国竞争与博弈持续加剧，以人工智能、信息化为代表的新技术革命将深刻改变全球经济和产业格局，我国正处于创新引领发展的重要战略机遇期，新兴产业蓬勃发展，传统产业亟待转型升级，新旧动能加快转换，但人口红利持续消退，高素质技术技能人才供给与需求之间的结构性矛盾更加突出。实施高职扩招，发挥职业教育人力资源开发功能，将进一步优化人才结构、扩大有效供给，为促进经济社会发展和提高国家竞争力提供支撑。

在促进扩大就业方面，世界经济增长低迷，国际经贸摩擦加剧带来的不确定性，国内经济下行压力加大，再加上新冠疫情的冲击，企业生产活动减少，用工需求也随之减少，进一步加剧了就业压力，技能水平低的在岗职工将面临失业风险，而失业人员由于缺少雇主需要的技能很难实现再就业。接受高等职业教育可以帮助他们提升学历层次和技术技能水平，拥有更多职业发展机会，更加符合期望，从而实现更高质量更充分就业。

在深化教育改革方面，此次高职扩招不仅凸显高等职业教育在服务现代化经济体系、解决高技能人才短缺等重大问题上的战略作用，同时也是新时期高等职业教育彰显"类型教育"属性、落实"优化高等教育结构的重要方式"发展定位的重要发展机遇。《国家职业教育改革实施方案》明确职业教育与普通教育是两种不同教育类型，具有同等重要地位，树立了新的教育理念。高职扩招就是围绕贯彻落实《国家职业教育改革实施方案》，完善国家职业教育制度体系和技术技能人才保障政策，深化办学体制改革和育人机制改革，以现代职业教育的大改革大发展，推动高等教育结构优化。

在办好人民满意的教育方面，党的十九大报告指出，要办好继续教育，加快建设学习型社会，大力提高国民素质。习近平总书记在不同场合多次提到"我们的人民热爱生活，期盼有更好的教育、更稳定的工作、更满意的收入、更可靠的社会保障、更高水平的医疗卫生服务、更舒适的居住条件、更优美的环境"。2019年2月，中共中央、国务院印发了《中国教育现代化2035》，指出要构建更加开放畅通的人才成长通道，完善招生入学、弹性学习及继续教育制度。职业教育是面向人人、面向全社会的教育，是服务全民终身学习体系的重要支柱。实施高职扩招，就是与《中国教育现代化2035》相衔接，体现终身教育理念，构建更加开放畅通的人才成长通道，打开高职院校大门，面向退役军人、下岗工人、农民工、高素质农民、农技人员、企业在岗职工等群体进行扩招，努力满足人民群众对多样化高质量高等教育的现实需求，让更多青年凭借一技之长实现人生价值，让三百六十行人才荟萃、繁星璀璨。

第一节　有利于推进经济结构调整和产业升级

1. 加快补齐技术技能人才缺口

党的十一届三中全会后，我国开启了以经济建设为中心的社会主义现代化建设，据国家统计局历年的《中国统计年鉴》显示，我国三大产业的国内生产总值构成比重从1978年的0.28∶0.48∶0.24逐渐演变为2018年的0.07∶0.41∶0.52，三大产业的就业人口比重从1978年的0.7∶0.18∶0.12逐渐演变为2018年的0.26∶0.28∶0.46，三大产业的国内生产总值构成比重由"二、一、三"结构演变为"三、二、一"结构，三大产业的就业人口比重从"一、二、三"结构演变为"三、二、一"结构。① 从国民经济占比看，2017年我国第一、二、三产业增加值分别为8 904.0亿元、77 451.3亿元和112 427.8亿元，占国内生产总值的比重分别为4.4%、39.9%和56.5%。以服务业为主体的第三产业已成为国民经济中占比最高的产业，作为第二产业重要支柱的制造业也正在从中低端向中高端迈进，这些转变都需要培养更多适合中高端制造业和现代服务业发展的高技能人才。第三产业是我国吸收就业人口的"主力阵地"，也是高职院校专业布点和考生报考的"热点区域"。随着新技术、新业态、新模式的推广，目前已形成崭新的经济增长点，例如，对传统服务业的技术改造、经营模式的更新升级和服务需求的持续释放而形成的现代服务业，以及伴随信息网络技术发展而产生的"大、智、移、云、物"等新兴产业。

"十三五"以来，我国产业转型升级不断加速，经济已由高速增长阶段转向高质量发展阶段，正处在发展方式转变、经济结构变革、增长动力转换的攻关期。产业转型升级就是从低附加值产业向高附加值产业升级，从劳动密集型产业转向技术密集型产业，因此高素质技术技能人才是支撑产业升级和经济结构调整的关键。作为一个人口大国，我国劳动力市场上并不缺乏劳动者，但高技能劳动者的供给与产业转型升级劳动力需求不匹配等原因造成了结构性就业矛盾，出现"用工难"现象。我国技能人才占就业人员的比重不高，高技能人才更是短缺，与发达国家相比存在较大差距。虽然各国产业模式不同，使得高

---

① 数据来源：国家统计局.中国统计年鉴.

技能人才的需求也不尽相同，如德国、日本的制造业是精细制造，他们对高技能人才的需求量非常大，美国的制造业是标准化制造，他们的需求量就相对低很多。[①]对我国而言，做实做强做优实体经济是主攻方向，因此我们主要是对标德国、日本，提高产品精细化水平，也正因为如此，我们的高技能人才亟待补充。

高素质技术技能人才的缺乏，已经严重制约了我国经济高质量发展，政府部门正在通过各种举措加大技术技能人才供给，激励更多的劳动者特别是青年学习技能、投身技能，走技能成才、技能报国之路。高等职业教育是我国在学习苏联教育体制基础上，为适应经济社会发展需求、缓解供需矛盾，逐步发展而来的教育模式，是培养面向生产、建设、管理、服务第一线需要的具备综合职业能力的技术技能人才。实施高职扩招，将为我国的制造业、现代服务业、现代农业等基础行业提供更多的高技能人才，有利于真正解决技术技能人才短缺问题，使我国生产发展过程中所具有的人口红利优势全面转型为人力资源优势，为促进经济社会发展和提高国家竞争力提供支撑。

2. 提高劳动力技术技能水平

当前，我国正处于转变经济发展方式和优化经济结构的关键节点，经济发展从注重规模和速度转向注重质量和效益。在产业革命和技术变革的浪潮下，提升产品和服务质量的路径不再仅依靠生产流程前端的关键原理或规律的突破，而更趋向后端的、靠近产业化的渐进性创新。随着智能化、精细化的发展，传统生产的工作组织形式将发生根本性变化，从原有的科层制工作体系转型为扁平化、网络型工作体系，工作的复杂性和不确定性增加，工作内容去分工化程度加深，生产方式从标准化规模生产向个性化精细生产转变。这对从业人员的能力结构提出了更高要求，集中表现为工作过程复杂程度、劳动创新程度、

---

① 徐国庆. 从分等到分类：职业教育改革发展之路 [M]. 上海：华东师范大学出版社，2018：72-73.

技术精准程度、领域复合性程度的大幅提升。[①]

我国经济社会的快速发展明确发出了一种信号，即产业对高素质技术技能人才的迫切需求。但现实情况是，高素质技术技能人才的匮乏已成为新常态下制约我国国力提升和产业发展的问题。从近年来人力资源市场信息监测中心统计数据看，我国劳动力市场中专业技术人员和高级技能人员用人需求缺口较大，各技术等级或者专业技术职称的求人倍率（岗位空缺与求职人数的比率）均大于1。可见，现存劳动力的技能水平无法完全胜任现代化岗位的需要，劳动力技能尤其是高技能劳动者的供需错配现象较为突出。高等职业教育是我国职业教育发展的特色产物，是我国社会工业化发展到一定阶段对技术应用型人才素质提出新要求而产生的一种教育模式，其主要目的就是培养与经济社会发展相适应的技能人才。此次高职扩招，将吸纳更多潜在就业人口（适龄青年）接受高等教育，有效缓解无技能或低技能初次就业状况；通过职业教育服务转岗需求和下岗再就业，能够缓解劳动力市场的"结构性失业"现象，为更多的社会特殊群体（如下岗工人、新型职业农民等）提供学历职业教育，加快培养适应经济转型所需的高素质技术技能人才，服务更高质量就业。

3. 进一步增强专业设置与区域产业适配性

职业教育是教育领域中与经济社会发展联系最直接、最密切的部分，在高等职业教育领域，最直接的表现是专业设置和招生计划的审批权下放至各省级教育行政部门。高等职业教育能够为区域经济发展输送大量高素质技术技能人才，与之相对应的，区域经济发展也影响着高等职业教育发展的人才培养和结构分布。因此，高等职业教育专业设置与产业结构需要具备高度的适配性，才能推动经济社会高质量发展。

[①] 匡瑛，李琪. 适应劳动技能迭代需要发展职业本科 [J]. 新华文摘，2021(24)：118-119.

由于人才培养具有周期性，高等职业教育的学制为 2～3 年，而在产业高速发展背景下，特别是新技术、新工艺、新产品、新材料的应用，3 年左右就会发生技术迭代，那么高等职业教育的人才培养往往滞后于产业发展，尤其是在发展迅速的行业产业。在高职院校方面，往往存在"倚仗"这一特性的现象，不愿耗费过多精力、财力去调研产业发展现状与趋势，产教融合、校企合作流于形式，沿用"过去的标准"去培养"未来市场的人才"，在专业设置、课程设置、人才培养方面各院校趋于同质化，专业人才培养与区域经济发展需求就会出现脱钩的情况。高职扩招的实施，最大的特点就是面向社会招生，生源群体中很多求学者都是有过相关行业从业经历或者是正在从事相关工作的人员。扩招这一举措改变了高职院校的生源情况，这部分生源直接代表了产业、企业等，将倒逼高等职业教育直接扎入需求侧招生，打破人才培养周期的隔断，增强人才培养供给侧和产业需求侧在结构、质量、水平上的合理对接，促进教育链、人才链与产业链、创新链有机衔接。

第二节　有利于实现更高质量更充分就业

1. 进一步提升劳动者技能素养

经济的可持续发展在于生产要素的不断投入，而劳动是最重要的生产要素，我国一直享受着人口带来的红利。但我们还要清醒地认识到，我国仍是发展中国家，面临着劳动力成本提高、外需减弱，依靠粗放型增长方式难以持续推进经济增长的境况，需要加快产业结构调整和转型升级，这就需要大量的高素质劳动者。由摩根大通支持，清华大学和复旦大学合作完成的《中国劳动力市场技能缺口研究》分析指出，16～29 岁青年农民工、22～24 岁大学毕业生和 45～60 岁中老年劳动力已经成为中国劳动人口中失业风险最高的人群，而这种失业高风险正是求职者的劳动力技能与岗位要求不匹配造成的。职业教育是输送高素质技术技能人才的重要来源。据统计，在现代制造业、新兴产业中，新增从业人员70%以上来自职业院校，近70%的毕业生在县市就近就业，成为支撑区域产业迈向中高端的产业生力军。在产业转型升级的大背景下，迫切需要高职院校主动融入区域发展，加快培养一大批勇于创新、善于创新的高素质技术技能人才。我国教育资源分配不均衡、人口众多、文化程度参差不齐的国情也决定了我们必须走劳动力重塑这条路子，促进人力资源再开发，挖掘潜在的人口红利。

职业教育是提升人力资本的重要支撑。20世纪60年代，美国经济学家舒尔茨和贝克尔创立了人力资本理论，开拓了人类生产能力研究的全新思路，为重视与发展职业教育提供理论基础，他们认为对劳动者进行教育和职业培训等支出的总和，将形成人力资本，而这便是经济社会发展的源泉和推动力。随后，关于职业教育的理论研究逐渐增多，且发展迅速，最终建立了完善、多元的理论体系，并在实践中成为多国经济崛起的理论支撑，如德国"双元制"、澳大利亚TAFE等，无不是将职业教育作为人力资源开发的重要途径。在我国，2022年新修订实施的《中华人民共和国职业教育法》，开宗明义指出"职业教育是人力资源开发的重要组成部分"。实施高职扩招，特别是面向社会不同群体招生，将让更多人特别是青年劳动者接受职业教育，提高传统劳动力的文化素质、技术素养以及创新能力，从而为产业升级和经济发展方式转变奠定坚实的人力资源基础。

从经济和就业角度看，高职扩招所涉及的群体需要得到特别的关注，因为这些群体有的是从未进入过高职院校而且实际上也缺乏工作准备的中职毕业生；有的是早已离开学校，但将要从事的职业是他们过去从未受过训练的下岗工人；有的是过去所受到的专业训练已经不符合当前技术发展要求的在岗职工。大量适龄劳动人口需要提高技技能，增强就业创业本领，提高工作能力素质。

同时，高职扩招还将促进农村劳动力转移，通过职业教育提高农民工的技能素养，进而为城市工业化发展提供充足的劳动力。农民工作为转移人口，整体素养不高，从国家统计局发布的《2017年农民工监测调查报告》看，多数农民工为初中文化程度（58.6%），大专及以上仅占10.3%；在追求经济社会高质量的背景下，农民工能力与行业企业生产需求不匹配，多数人只能从事简单的体力劳动，就业于低端行业，难以获得较高的社会地位，报告显示只有38%的农民工认为自己是所居住城市的"本地人"。高职扩招为农民工带来了接受高等教育的机会，降低门槛，将整体提升劳动力素养，改变农民工学历结构，助力提高转移人口资源质量。

2. 提升劳动者收入水平

我国正处于跨越"中等收入陷阱"阶段，"着力提高低收入群体收入，扩大中等收入群体"已列入"十四五"规划的重要目标任务，"中等收入群体显著扩大"被列为二〇三五年远景目标的核心目标之一，可见，朝向"橄榄型"社会结构发展，是我国基本实现社会主义现代化的表征之一。相关研究表明，教育扩展与收入分配呈倒"U"形，由于教育具有提高"配置能力"的作用，教育扩展能够通过"扩张效应"（扩大收入分配差距）与"抑制效应"（缩小收入分配差距），影响整个国民的收入分配状况。所以，教育既是导致人们收入差距的根源，也是缩小这种差距的根本，教育是决定和改变人们命运的核心自变量。[①] 职业教育作为与经济联系最为紧密的教育类型，能够帮助劳动者补足发展能力缺陷，进而提升收入水平。《2019中国高等职业教育质量年度报告》显示，2014—2018届高职毕业生毕业半年后就业率持续稳定在

---

① 马建富. 跨越"中等收入陷阱"：职业教育的作为与策略[J]. 当代职业教育，2020(01)：5-6.

91%，2015届高职毕业生毕业三年后月收入增幅达到76.2%，高等职业教育对于扩大就业和促进学生发展的作用日益显现。"[①]

在我国，潜在的中产阶层培育对象应是以农民、转移农民工、城市产业工人等为主体的、面广量大的低收入群体。由于文化教育程度低，尤其是技能素质偏低，他们的就业能力差，收入低，由此带来的消费水平也处于最低层次。高职扩招鼓励更多退役军人、农民工、下岗工人、高素质农民等社会群体报考，就是为了满足他们的再就业和技能提升需求，帮助提升学历层次和技术技能水平，拥有更多职业发展机会，全面提高劳动者在生产、消费、投资和社会建构中的地位，提高劳动力作为生产要素主体的质量和地位，提高劳动者作为消费主体的收入水平和发挥劳动者作为居民主体的作用，使之成为经济发展和社会建设中的重要纽带，增强其参与和共享经济发展的程度。

第三节　有利于深化教育领域综合改革

1. 为深化高职院校教育教学改革带来了新契机

高职扩招是一项重大的政治任务，要确保出色完成这项任务，高职院校绝不能"只管招，不管教"，而应当变压力为动力，加大力度调整办学思路和教育模式，切实将院校办学模式由过去的"重量不重质"转变到规模与质量并重的轨道上来。高职院校今后的办学，既要扩容，也要提质，这是国家发展赋予的使命，也是职业院校增强内涵、获得发展的新良机。扩招百万，不仅意味着规模的扩大，还意味着质量的提高和结构的优化，规模、质量和结构将成为这次高等职业教育扩招发展的新主题。

[①] 上海市教育科学研究院，麦可思研究院. 2019中国高等职业教育质量年度报告[M]. 北京：高等教育出版社，2019：9-11.

经过三年的高职扩招，共扩招413万多人，其中退役军人、下岗工人、农民工、高素质农民和企业在岗职工等社会生源占在校生比例达28%左右，已成为高职院校的重要生源。[①]社会生源的教育背景、学习习惯、学习方式、学习能力、学习需求等与应届高中毕业生相比存在较大差异，社会生源之间在成长背景、从业经历、学习基础、年龄阶段、认知特点、发展愿景等方面亦有不小的差异性，原有专业人才培养方案在教学内容、方式方法和课程教材等方面已不适用，高职生源结构"多元化"和"适需性"的特征愈发明显。

2019年5月，教育部与国家发展改革委、财政部、人力资源和社会保障部、农业农村部、退役军人事务部六部门联合发布《高职扩招专项工作实施方案》，专门设置"做好分类教育管理工作""推动教师教材教法改革"两项重点任务，提出"标准不降、模式多元、学制灵活"的原则。为进一步细化教学管理工作，适应高职扩招后生源多元化、发展需求多样化对教育教学提出的新要求，保障质量型扩招，同年12月，教育部印发了《关于做好扩招后高职教育教学管理工作的指导意见》，坚持因材施教、按需施教，坚持宽进严出，严把毕业关口；要求系统开展学情分析，结合实际分类制订专业人才培养方案；提出采取集中教学与分散教学相结合、校内教学与校外教学相结合、线上教学与线下教学相结合等方式，针对社会生源群体实施弹性学习。高职人才培养将从原先的划一性走向更加丰富多元，服务对象从以往的单一群体转向多元群体，学制体系从固化走向弹性，课程设置从"大锅菜"式统一供给趋向"自助餐"式多元选择，评价考核也将从唯一标准导向多维标准等，撬动原先参照普通教育模式办学的形式，形成面向每个人、适合每个人、更加开放灵活的教育教学模式，逐渐办成"适合的教育"。

---

① 数据来源：教育部.中国职业教育发展报告2012—2022年.

高职扩招带来的生源结构多元化既有利于高职院校提高办学水平，也有助于催生高质量的高等职业教育。针对非传统型生源的教育培养，将驱动高职院校加快推进教育方案个性化、教育供给精准化改革，单一的学历型教育亦可由此破局，职业预备教育、转业再就业培训、成人补习教育、社区技术服务将常态化地进入教育体系；新兴产业、新兴职业和新兴岗位对职业技能的新需求，将有望打破传统高等职业教育专业建设和专业培养格局，无边界学习、深入学习等高职院校教育功能将得到开发和运用；专升学教育、技术技能更新提高教育、校企联合培训、职业资格培训、跨国交流培养等必将常态化地实施。在高职院校扩招百万启动后，全国掀起了一场职业教育革命的浪潮。在这场浪潮中，那些深化教育教学改革的高职院校脱颖而出，成为国家产业转型升级所需的高素质技术技能人才培养高地，成为国家高端产业发展特别依赖的人力资源"大户"，甚至成为国际一流的职业教育典范。

2. 为优化高职院校生源结构创造了有利条件

国家在推出扩招百万政策的同时，还扩大了高职院校办学自主权，尤其是扩大了招生自主权，这就为优化高职院校生源结构、提高人才培养的针对性和有效性创造了有利条件。该政策实施以后，高职院校生源结构将由传统单一转向现代多元，其生源除了传统的中等职业学校毕业生以外，现在还囊括了各行各业的社会人员。这些社会人员既可以是企业员工、事业单位职工、高素质农民，也可以是待业青年、退伍军人、待业高校毕业生等，这一生源是广泛、多元和巨量的，它不仅可以解决高职院校传统生源不足的问题，也可以优化高职院校的生源结构，为高职院校构建更加丰富、多元的教育生态奠定基础。与以往不同的是，社会性生源是潜在的，生源转化为在校生并不能依靠传统的计划生源分配方式来获得，扩招百万意味着"等、要、靠"的计划配置生源时代已经结束。与此同时，国家适时扩大高职院校的招生自主权使得高职院校办学权责更为统一，也更为平衡，让高职院校在面对生源"市场"时更为机动灵活，这也为高职院校优化自身生源结构创造了有利条件。高职院校要利用好国家出台的扩招百万政策契机优化生源结构，打造高等职业教育新生态，在做好传统招生工作的同时，紧贴社会性职业教育需求，创新办学思路和模式，充分发挥院校自身的积极性、主动性和创造性，主动求新求变，强化主体地位，扩大社会声誉，增强办学实力和市场竞争力，吸引更多社会人员报考学习，实现招生、培养与就业的良性循环。

3. 为促进校企"双元"协同育人赋予了更多可能

职业教育是与产业发展联系最为紧密的教育类型，高等职业教育更是中高端技术技能人才供给的主阵地。我国目前产业转型升级需求与现有人力资源结构不匹配，主要原因是高等职业教育质量不高，而高等职业教育质量不高，很大程度上又是因为高等职业教育产教融合层次不高，高素质技术技能人才培养体系不健全，且缺乏优质足量的高端技术技能人才培养资源。在国家出台高职扩招政策背景下，一方面，高职院校或主动、或被迫地与社会性生源"亲密接触"，而社会性生源中有很大一部分是企业职工，这就要求高职院校招生必须"打开校门"，主动与企事业单位、行业组织等主体进行合作，针对市场和企业的技能需求来培养人才；另一方面，高职院校大规模扩招突破了旧有的生源格局，这就为企业输送职工进入高职院校接受再教育或者技能培训提供了便利，企业将更有动力与高职院校开展人才培养合作。由此可见，扩招百万政策不仅有利于高职院校深化教育体系改革，有利于高职院校优化自身生源结构，也有利于促进高等职业教育校企"双元"育人，从而进一步提高高等职业教育产教融合、校企合作的层次和境界。

第四节 有利于满足人民群众多样化教育需求

1. 促进不同教育类型的开放融通

党的十九大作出了"中国特色社会主义进入新时代"的重大论断。"高职扩招100万人"的计划既是对党的十九大报告关于"完善职业教育和培训体系，深化产教融合、校企合作""大规模开展职业技能培训，注重解决结构性就业矛盾""促进高校毕业生等青年群体、农民工多渠道就业创业"等要求的具体贯彻落实，也是我国政府对《仁川宣言》与联合国教科文组织《教育2030行动框架》所提出的"确保全纳、公平、有质量的教育，增进全民终身学习机会"发展愿景的积极推动，更与联合国教科文组织的"全民教育目标"与"联合国千年发展目标"一脉相承。

以往普通教育、高等教育、职业教育、成人教育之间相互封闭、相互独立，诸如国家职业资格证书培训、行业证书培训、职工教育、岗位培训以及社会培训自成体系，教育体系内部各级各类教育之间立交桥尚不完备，教书育人标准与行业用人标准尚未对接，服务学生成长成才的学习成果可积累、可携带、可转移、可认可的体制机制尚未建立，等等。随着人民日益增长的教育多元化需要，这种状况已远远不适应学习型社会的发展需要。高职扩招打破了过去从校门到校门纯粹的学历对接的招生方式，使退役军人、农民工和下岗工人等曾经错失高等教育机会的群体能够有机会再次回归到正规教育体系，接受普通高等学历教育。此举将倒逼高等职业教育招生制度改革的不断深化，也使得曾经接受的岗位培训、职业资格证书培训等成人教育学习成果能够得到认定、积累和转换，从而打破围墙，建设与高等职业教育相贯通之路。可以说，扩招群体的延伸沟通了职业教育、成人教育、普通教育等不同的教育类型，推动实现各种资历相互可比、可衔接、可携带，促进了教育体系之间的进一步开放融通。

2. 保障公民学习权的重要体现

学习权是终身教育时代的产物，是迈向学习型社会的必然要求，学习型社会重视对各类人群的学习权保障，尤其重视失业人员、进城务工人员、残疾人等弱势群体的权益保障。从个体角度来讲，学习是个体提升自身能力、实现自我价值、获得个人发展的重要途径，学习权的有效保障对于改善退役军人、下岗工人以及农民工等群体的弱势生存境遇发挥着重要作用；从社会角度来看，学习权的保障是维护社会和谐稳定，促进社会可持续发展的基本要求。高职扩招范围向退役军人、下岗工人以及农民工等社会上的成人延伸，从表面上看，这一举措是为了解决部分高职院校面临的生源危机，但是从根本上讲，其最终目的不只是数量上的扩容，而是为了让更广泛的群体能够接受更好的教育，从而获得更多的成功机会和人生出彩的机遇，是公民学习权的进一步保障，也是社会公平正义的进一步深化。退役军人、下岗工人、农民工等群体经过社会的磨砺，务实勤恳，与一线产业工人贴得更近，对产业工人更认可，虽然文化基础相对较差，但有学习的内生动力，是中国产业技术工人的基础人群和培养对象。他们不能成为被忽略和漠视的边缘群体，他们也是社会得以可持续发展的不可或缺的力量。

3. 为社会大众打开学校大门

在中国的教育制度中，也始终存在着面向社会大众的部分。早在 20 世纪 60 年代，"半天工作、半天读书"的理想，就曾付诸实践。改革开放后，又发展出广播电视大学、夜大学、职工大学、成人教育、开放教育等多种形式。每种教育形式的背后，都有着时代的特点和需要。在新时代背景下，高职扩招有效地促进了学习型社会的构建，人们在完成高中阶段学业后，"先升学再就业、先就业再升学、边工作边学习"将成为常态；高职院校也将逐渐成为社会大众的终身学习场所。

特别是对于从事技术技能岗位的人员，高职扩招为满足其个性化、多样化、终身化的学习需求畅通渠道，使人们获得自身发展和造福社会的能力，过上有尊严的幸福生活。值得注意的是，高职扩招成为高等教育进入普及化阶段的"临门一脚"。2018年我国高等教育毛入学率为48.1%，经过2019年高职扩招，这一数据达到51.6%，标志着我国高等教育进入世界公认的普及化阶段。[1]随着高职扩招三年行动的深入实施，将使人人都能享有公平接受高等教育的权利。

《高职扩招专项工作实施方案》明确"针对退役军人、下岗失业人员、农民工、新型职业农民等群体单列计划，一部分面向退役军人，一部分面向下岗失业人员、农民工和新型职业农民"；对于中职毕业生可采取现行的"文化素质+职业技能"考试方式，其他社会人员可免予文化素质考试，由招生学校组织与报考专业相关的职业适应性测试或职业技能测试；针对不同群体考生特点，各地综合考虑计划安排、专业培养要求和考生成绩，分类确定录取标准，确保有升学意愿且达到基本培养要求的考生能被录取。这种"分列招生计划、分类考试招生、分别选拔录取"的模式为社会各类群体接受职业教育提供了灵活多样的升学和培养模式。教育部后续两年相继下发专门通知要求延续该招考模式；在《教育部办公厅等六部门关于做好2021年高职扩招专项工作的通知》中，明确在鼓励退役军人、农民工、下岗工人、高素质农民等人群和基层在岗群体报考的基础上，积极动员符合条件的灵活就业人员报考。高职扩招畅通社会大众报考渠道，增加其接受高等职业教育的机会，帮助其提高技术技能水平和就业创业本领。

4. 拓展个人成长空间的重要渠道

高职院校是学生实现个人成长发展的重要场所。《2019中国高等职业教育质量年度报告》的数据显示，2015届高职学生毕业三年后月收

---

[1] 数据来源：2019年全国教育事业发展统计公报.

入为 6 005 元，超过六成学生在毕业三年内有过职位晋升，毕业三年内有职位晋升的群体比无职位晋升群体的月收入高 1 263 元。[①] 百万扩招政策的出台，降低了退役军人、农民工、下岗工人、高素质农民等群体的入学门槛，高职院校实施更为灵活的学制和教学组织形式，有效地把国家需要和个人发展有机结合起来，把学生现在学习与将来工作有机结合起来，深受各类生源和用人单位的欢迎。高职扩招让更多的学生和社会群体有了进一步学习和发展的机会，把他们培养成为高素质技术技能人才，实现更高质量更充分就业，既是发挥我国人力资源优势，为社会创造财富的重要举措，也是让学生个体找到适合自己的成长成才路径，实现人生价值的重要环节。与成长环境安稳、社会经历简单的普通生源相比，扩招生源大都是弱势群体，他们经历过高考"失利"或"失学"的挫折。对他们而言，重新接受高等职业教育，谋得在社会立足的一技之长，不仅能改变其个人的命运，同时也能改变整个家庭的命运。这些学生虽然文化基础知识相对薄弱，但他们会更加珍惜这一难得的学习机会，通过学习积累资本，为未来职业发展和个人成长成才拓展空间，畅通就业渠道。

高等职业教育在高等教育普及化的进程中，承担着促进教育公平、推动社会阶层流动的责任。当前我国对退役军人、农民工、下岗工人等群体的受教育问题十分关注，高等职业教育可以通过招收这些群体来帮助其学习知识、掌握技能、提高素质，从而推动这些群体的职业发展。高职扩招旨在弥补应届高中毕业生和退役军人、农民工、下岗工人等群体知识和技能方面的差距，这些群体社会地位较低，通常属于弱势群体，是更需要有特殊措施帮助和支持的优先群体，这些知识和技能有助于他们个人就业并参与到社会发展之中。通过高职大规模

---

① 上海市教育科学研究院，麦可思研究院. 2019 中国职业教育质量年度报告 [M]. 北京：高等教育出版社，2019：11-13.

扩招，以普及入学机会来促进平等，促进由各种年龄组成的灵活的且适应性强的劳动者队伍建设，使这些群体能享受到经济社会发展的成果，也是决胜全面建成小康社会，开启全面建设社会主义现代化国家新征程的应有之义。

第二部分
责任担当：群策群力落实扩招任务

高职扩招是一项政府宏观公共政策,政策方案变成现实有赖于政策的有效执行。美国政策学者艾利森认为,"在实现政策目标的过程中,方案确定的功能只占10%,而其余90%取决于有效的执行"。这也是我们通常所说的"一分部署,九分落实"。

高职扩招既包含了职业教育本身具有的跨界性,也有面向退役军人、农民工、下岗工人、高素质农民等社会群体招生的多元性,涉及中央与地方不同层面,以及教育部、国家发展和改革委员会、人力资源和社会保障部、财政部、退役军人事务部、农业农村部等不同部门。同时,2019年实施扩招时,单招扩招幅度已然有限,年内实现扩招100万人时间紧迫,任务艰巨,亟须果断采取有效行动。不仅如此,随着我国人口出生率逐年降低,部分省份高等职业教育适龄人口数量也不可避免地下降,出现生源不足情况,在现有的高职招生计划完成已经面临困难的同时,还要进一步扩招对当地的教育部门压力很大。就社会大众而言,普遍认为接受普通高等教育才是孩子或者个人实现人生价值的主要途径,是受社会认可的主要方式,我国传统文化"劳心者治人,劳力者治于人"的观念根深蒂固,逐渐形成"重学历、轻技能"的观念,对职业教育存在偏见,不少学生、家长认为职业教育难登大雅之堂;再加上高职扩招还面向社会人员进行招生,他们在社会中大多具有固定的角色定位,有的已经为人父母,需要承担社会及家庭中的工作职责和生活责任,这会消耗他们大部分的时间和精力,报考高职院校的吸引力还有待提升。

高职扩招的按时保质完成,需要克服重重困难,中央和地方都打出一系列组合拳,取得了良好成效。从中央各部门顶层设计看,教育部、国家发展和改革委员会、财政部、人力资源和社会保障部、农业农村部、退役军人事务部六部门加强统筹联动,迅速出台了高职扩招专项工作实施方案,还配套出台了针对不同群体的行动计划,形成了强大合力。从地方行动表现看,各地政府部门结合区域实际出台了省级高职扩招工作方案,内容全面而细致,同时也出台了一系列针对性配套政策文件,覆盖高职扩招工作的各个方面;各校主动作为,改革完善考试招生办法,加强软硬件建设,注重宣传引导,营造良好氛围。

第三章　高职扩招的顶层设计

高职扩招是一项系统工程，涉及组织领导、统筹规划、考试招生、条件保障、监督检查等环节，涉及退役军人、农民工、下岗工人、高素质农民等不同群体，涉及教育、经济、劳动、就业等不同领域，需要加强顶层设计和谋划，统筹好中央与地方等不同层面，政府、学校、行业企业等不同方面，协调各方作用，在压实责任上下功夫，推动落实好高职扩招任务。

第一节　强化中央部门统筹联动

1. 发挥国务院职业教育工作部际联席会议制度优势

职业教育作为一种比较复杂的公共物品，天生就具有经济、社会和教育的多重属性，体现国家、市场、企业和社会之间的关系。为协商办理职业教育中涉及多个部门职责的事项，及时沟通情况，协调不同意见，推动职业教育改革发展，早在2002年8月，国务院印发的《关于大力推进职业教育改革与发展的决定》便提出，"在国务院领导下，建立职业教育工作部际联席会议制度，研究解决职业教育工作中的重大问题"。2004年6月，由教育部、国家发展和改革委员会、财政部，以及原人事部、劳动保障部、农业部、国务院扶贫办共七部门组成的职业教育工作部际联席会议制度正式建立。这一制度的建立，强化了政府对职业教育的统筹领导，促进了国务院有关部门对职业教育工作的沟通与协调，是我国职业教育发展史上的一个重要的体制创新，对我国职业教育的改革和发展具有重要意义。

党的十八大以来，以习近平同志为核心的党中央站在党和国家发展全局的高度，把职业教育摆在了前所未有的突出位置。为贯彻落实全国教育大会精神和中央关于职业教育改革创新的决策部署，进一步推动职业教育与经济、劳动、就业等领域政策有效衔接，教育部向国务院提出申请，在原职业教育工作部际联席会议制度基础上，调整完善工作机制，建立国务院职业教育工作部际联席会议制度（以下简称联席会议制度）。2018年11月，国务院正式批复同意。联席会议由教育部、国家发展和改革委员会、工业和信息化部、财政部、人力资源和社会保障部、农业农村部、国务院国有资产监督管理委员会、国家税务总局、国务院原扶贫办共9家单位组成，时任国务院副总理孙春兰担任联席会议召集人。联席会议统筹协调全国职业教育工作，研究解决职业教育重大问题，部署实施职业教育改革创新重大事项并监督检查政策落实情况。

在高职扩招的落实上，联席会议制度发挥的效能尤为明显，由国务院副总理作为召集人有利于进一步加强对职业教育工作的领导，推动各部门联动形成政策合力，将资源集中到中央部署的战略目标上。2019年5月，教育部与国家发展和改革委员会、财政部、人力资源和社会保障部、农业农村部、退役军人事务部6部门，按照国务院统一部署，主动作为、分工协作，从扩招重点领域、生源组织、经费保障等方面梳理现有政策，在生源身份界定、宣传动员、奖助学金提标扩面等方面提出实施举措，共同发布了《高职扩招专项工作实施方案》。从2019年《政府工作报告》提出高职扩招这一政策部署，到发布专项工作实施方案，仅用时2个月时间，快速形成了工作合力。

2. 多部门联合出台专项工作实施方案加强全过程管理

高职扩招是一项系统工程，既要做好"招"，还要注重"教"，更要强化"保"。教育部等6部门联合出台的《高职扩招专项工作实施方案》，统筹考虑计划安排、考试组织、招生录取、教育教学、就业服务及政策保障等环节，确保质量型扩招。

做好"招"，改革完善考试招生办法，确保能招尽招。一是创造更多报考机会。在计划安排方面，教育部根据各地高职发展规划、经济支撑、办学条件等因素综合测算，通过年度常规申报、集中紧急部署、点对点定向商议等举措，安排全国高等职业教育指导性招生计划增量115万人，据教育部数据统计，各地积极采取上浮计划措施，最终招生计划比指导性计划增加26万人。在考试报名方面，由于2019年高考报名时间已经结束，教育部安排各地分别于夏季高考前和秋季多次组织高职扩招专项考试补报名；同时取消中职生升学比例限制，允许符合高考报名条件的往届中职毕业生参加高职院校单独考试招生。二是改革考试形式和内容。对于社会生源群体，因"类"制宜改革考试形式和内容，各地各校可免予文化素质考试，组织职业适应性测试或职业技能测试，增强考试适应性。三是规范招生录取。明确由各地各校根据人才培养要求，结合考生特点分类确定录取标准，确保有上学意愿且达到培养要求的考生能被录取；严格执行招生政策规定，不降低规范管理要求，确保公平公正。

注重"教"，抓住教育教学关键环节，确保培养质量。一是创新人才培养模式，针对生源多样化特点，提出"标准不降、模式多元、学制灵活"原则，分类编制专业人才培养方案，采取弹性学制和灵活多元教学模式，提高人才培养的针对性、适应性和实效性。二是加强教学常规管理，针对不同生源的从业经历、技术技能基础和学习需求，创新实习管理方式，开展灵活多样的实践教学，创新教学组织和考核评价。

强化"保"，夯实条件保障，确保工作成效。一是盘活各类教育资源。鼓励各校有机整合师资、教学实训、食宿等资源，提高优质职业教育资源使用效率，用优质校拉动一般校，整体提升办学水平。二是加强师资队伍建设。实施五个"一批"行动，即通过资源整合挖潜一批、专项培训培育一批、校企合作解决一批、"银龄讲学"补充一批、社会力量兼职一批，加快补充急需的专业教师；2019年8月，教育部、国家发展和改革委员会、财政部、人力资源和社会保障部联合出台了《深化新时代职业教育"双师型"教师队伍建设改革实施方案》，指导地方健全高技能人才到职业院校从教制度，聘请企事业单位高技能人才、能工巧匠、非物质文化遗产传承人等到学校兼职任教。三是加大财政投入。通过加大中央财政支持力度，引导地方政府落实生均拨款制度、奖助学金提标扩面政策等，加强办学条件薄弱公办高职院校改造，加大政府购买高等职业教育服务力度。

在《高职扩招专项工作实施方案》基础上，教育部等六部门于2020、2021年又相继下发了做好高职扩招专项工作的相关通知，延续有关政策举措，并对部分内容进行补充完善，确保高职扩招专项工作圆满完成。

3. 多措并举强化宣传引导

虽然中央高度重视职业教育，鼓励更多人员接受高等职业教育，学习技能、掌握技能，投入到社会主义现代化建设中去，但社会对职业教育仍存在偏见。加之技术技能人才发展渠道窄、总体待遇较低，社会用人、评价等政策仍然存在"重学历轻技能"的观念，不少学生、家长认为职业教育难登大雅之堂，是社会劳动力结构的最底层，没奔头、没发展、没地位。相关部门针对社会大众的顾虑，采取多项举措强化宣传动员，引导更多人深入职业教育、了解职业教育，提高报考积极性。

一方面，通过媒体进行广泛宣传。高职扩招实施以来，人民日报、新华社、光明日报、中国青年报等主流媒体均设置了高职扩招专题宣传，中央广播电视总台《新闻调查》栏目推出《我在高职上大学》专题节目、中国教育电视台开设《天生我才必有用 天生我才需培养》专题节目，向社会讲述高职院校学生成长成才的故事；教育部广泛搜集素材，制作了多部专题视频，通过讲述故事等形式展现职业教育的真实情况，并有效依托职业教育活动周、全国职业院校技能大赛等平台，组织各地、各职业院校开展形式多样、丰富多彩的宣传活动，扭转公众认知盲点。

另一方面，加大政策激励引导力度。在学业上，教育部针对社会生源，提出可实行弹性学习，最长不超过 6 年；对已有工作经历、相关培训经历、技术技能达到一定水平及在相关领域获得一定级别的奖项或荣誉称号的社会生源，可经学校认定后折算成相应学分或免修相应课程。在补助上，明确社会生源按照现行规定享受奖助政策，并积极扩大奖助学金标准和覆盖面。财政部、教育部联合发布《关于调整职业院校奖助学金政策的通知》，明确自 2019 年起，增加高职院校国家奖学金名额，将本专科生国家奖学金奖励名额由 5 万名增加到 6 万名，增加的名额全部用于奖励特别优秀的全日制高职院校学生；扩大高职院校国家励志奖学金覆盖面，由原来的 3% 提高到 3.3%，增长 10%，奖励标准为每生每年 5 000 元；扩大高职院校国家助学金覆盖面、提高补助标准，高职学生国家助学金覆盖面提高 10%，平均补助标准从每生每年 3 000 元提高到 3 300 元。

同时，有关部门推动职业院校毕业生在落户、就业、参加机关事业单位招聘、职称评审、职级晋升等方面与普通高校毕业生享受同等待遇。2021 年，印发了《人力资源和社会保障部关于职业院校毕业生参加事业单位公开招聘有关问题的通知》，要求事业单位公开招聘，要树立正确的选人用人理念，破除唯名校、唯学历的用人导向，建立以品德和能力为导向、以岗位需求为目标的人才使用机制；并规定"合理制定公开招聘资格条件要求，不得将毕业院校、国（境）外学习经历、学习方式作为限制性条件""事业单位公开招聘中有职业技能等级要求的岗位，可以适当降低学历要求，或者不再设置学历要求"。

第二节　注重生源群体分类指导

1. 扎根田间地头，培养乡村振兴带头人

打赢脱贫攻坚战后，要进一步巩固拓展脱贫攻坚成果，接续推动乡村全面振兴，迫切需要培养一支留得住、用得上、干得好、带得动的"永久牌"乡村振兴带头人队伍。职业教育是教育脱贫中的重要力量，也将是服务乡村振兴的重要内容。职业院校 70% 以上的学生来自农村，千万家庭通过职业教育实现了拥有第一代大学生的梦想。"职教一人，就业一个，脱贫一家"成为阻断贫困代际传递见效最快的方式。在脱贫攻坚战全面胜利前夕，中央部署实施了高职扩招，这一政策旨在通过职业教育为乡村振兴提供人才引擎，为地方农业发展注入新动力。

为进一步细化举措，更好发挥政策效能，农业农村部办公厅和教育部办公厅于 2019 年 6 月联合印发了《关于做好高职扩招培养高素质农民有关工作的通知》，启动实施"百万高素质农民学历提升行动计划"，用 5 年时间培养 100 万名接受学历职业教育、具备市场开拓意识、能推动农业农村发展、带领农民增收致富的高素质农民，为乡村振兴战略提供人才支撑；重点面向现职农村"两委"班子成员、新型农业经营主体、乡村社会服务组织带头人、农业技术人员、乡村致富带头人、退役军人、返乡农民工等进行培养。同时，打造 100 所乡村振兴人才培养优质校，显著提升涉农职业院校培养高素质农业农村人才的质量水平。在培养过程中量身定制培养方案、创新培养模式，针对高素质农民和乡村干部的实际现状，遵循农民特点和成人教育规律，采取"农学结合、工学交替"模式，在农闲季节以专业理论教学为主，农忙季节以生产实践教学为主，按季节循环组织教学，使教学环节与农业生产环节紧密结合，帮助掌握现代农业生产、经营、管理、服务等先进知识、先进技术。

2020—2021年，中央还密集出台了《中共中央 国务院关于实现巩固拓展脱贫攻坚成果同乡村振兴有效衔接的意见》《中共中央 国务院关于全面推进乡村振兴加快农业农村现代化的意见》《关于加快推进乡村人才振兴的意见》等文件，均强调要加快发展面向农村的职业教育，发挥职业教育服务乡村振兴的人才支撑作用。

2. 服务军民融合，提高退役军人就业创业能力

军民融合是以习近平同志为核心的党中央着眼新时代坚持和发展中国特色社会主义，着眼国家发展和安全全局作出的重大战略部署，是支撑国家由大向强的必然选择。随着军民融合的深度发展，"依托国民教育培养军事人才"工作也被提到了新的高度。2018年中华人民共和国退役军人事务部正式挂牌成立后，会同中共中央组织部、中共中央政法委员会、教育部等军地12个部门联合印发《关于促进新时代退役军人就业创业工作的意见》，将退役军人教育培训纳入学历教育和职业教育体系，依托职业院校等教育资源，促进现役军人与退役军人教育培训相衔接、学历教育与技能培训互为补充。

在此背景下，高职扩招面向社会招生，退役军人为首要群体，充分体现党和国家对退役军人群体的关爱和重视，把通过教育培训实现退役军人稳定就业作为重要任务，不断加强顶层设计和制度建设。2019年8月，《教育部办公厅 退役军人事务部办公厅 财政部办公厅关于全面做好退役士兵职业教育工作的通知》印发，要求加大招生工作力度，鼓励符合高考报名条件的退役士兵报考高职院校，采取自愿报名、单列计划、单独录取的办法组织实施，退役士兵可免于文化素质考试；退役士兵入学后采取学分制管理、多元化教学，实行弹性学习时间，鼓励半工半读、工学结合，其服役经历可以视作相关岗位实习经历和参加社会实践活动，坚持"宽进严出"原则，使其学有所获、学有所成；明确要围绕现代农业、先进制造业、现代服务业、战略性新兴产业等行业领域需求，积极研究编制针对退役士兵的教育项目。2020年10月，发布《教育部办公厅关于进一步做好高职学校退役军人学生招收、培养与管理工作的通知》，鼓励高职院校针对退役军人优势特点，设置社会工作、党务工作、健身指导与管理、救援技术、建设工程管理、汽车运用与维修技术、船舶工程技术、飞行器维修技术等专业，重点培养城乡社区和"两新组织"等基层党群工作者、体育和健身教练、消防和应急救援人员、建筑工程技术人员、汽车（或船舶、民用航空器）维修人员等高素质技术技能人才。

3. 促进产业发展，助力从业人员学历提升

高职扩招是缓解当前就业压力、解决高技能人才短缺的战略之举，旨在加快培养国家各行各业发展急需的各类技术技能人才。我国国情决定了必须从现有劳动力能力提升的角度出发，因此，2019年《政府工作报告》才明确提出改革完善高职院校考试招生办法，鼓励更多应届高中毕业生和退役军人、下岗职工、农民工等报考。而后续教育部等六部门发布的《高职扩招专项工作实施方案》中，生源群体新增了新型职业农民（后统一称为高素质农民）这一群体，这是结合我国实际情况，适应农业产业发展对技术技能人才迫切需求。自高职扩招启动实施以来，工业和信息化部、民政部、农业农村部等部门与教育部已开始着眼从不同群体、不同产业行业入手，帮助培养急需人才。2019年9月，教育部办公厅、国家发展和改革委员会办公厅、民政部办公厅等七部门联合印发《教育部办公厅等七部门关于教育支持社会服务产业发展 提高紧缺人才培养培训质量的意见》，提出针对行业发展不同领域、不同模式、不同业态对人才的差异化需求，以服务家政服务、健康管理、养老照护、母婴照护等一线高素质技术技能人才为重点，兼顾考虑储备社会服务新业态急需人才，分层分类推进培养培训。明确"支持从业人员学历提升"的任务措施，支持社会服务产业从业人员通过多种渠道接受职业教育，提升学历。

2020年7月，教育部等六部门发布了《教育部办公厅等六部门关于做好2020年高职扩招专项工作的通知》，明确在《高职扩招专项工作实施方案》基础上，进一步稳定高职扩招规模，使更多劳动者长技能、好就业，并提出在对退役军人、农民工、下岗工人、高素质农民等群体单列计划的基础上，积极动员企业员工和基层农技人员等在岗群体报考。2021年6月，接续发布了《教育部办公厅等六部门关于做好2021年高职扩招专项工作的通知》，在原有基础上，鼓励各地积极动员符合条件的灵活就业人员报考，进一步扩大生源群体范围。旨在通过职业教育，使各行各业在岗人员能力得到提升，促进产业持续健康发展。

第三节　压实地方政府主体责任

1. 明确地方政府责任

我国实行在国务院领导下，分级管理、地方为主、政府统筹、行业指导、社会参与的职业教育管理体制。国家始终坚持以中央宏观管理、地方政府统筹协调为基本原则，赋予省、市、县级政府在职业教育事业上的自主管理权，充分发挥地方政府在职业教育改革创新发展方面的主动性。可见，地方政府发挥着承上启下的作用，与中央政府、学校和社会之间有着密切的联系，随着国家财税体制改革特别是拨款方式的变化，进一步落实"转变职能、简政放权、放管结合、优化服务"，更加彰显地方政府发展职业教育的主体责任。《国家职业教育改革实施方案》中强调，要加强中央部门的政策联动和制度协同，强化地方政府统筹发展职业教育的责任。

因此，落实高职扩招，地方政府更是责无旁贷。教育部在与31个省（自治区、直辖市）和新疆生产建设兵团签订的落实"职教20条"备忘录中，将高职扩招专项工作任务作为备忘录的重要内容之一，纳入各地党委、政府议事日程。教育部等六部门印发的《高职扩招专项工作实施方案》也明确提出，各地要高度重视高职扩招，切实履行主体责任，严明工作纪律，狠抓工作落实，坚决防止和克服形式主义、官僚主义，确保扩招任务落地见效；并要求加大政策供给和经费保障，优化资源配置，有质量地扩大高素质技术技能人才培养规模。

2. 健全正向激励机制

党中央、国务院的决策部署能否落地，需要在一线落实好的工作理念，完善激励措施，充分激发和调动各地从实际出发干事创业的积极性、主动性和创造性。为促进各地形成担当作为、竞相发展的良好局面，国家自2016年起开始对落实有关重大政策措施真抓实干、取得明显成效的地方加大激励支持力度。2018年12月，印发《国务院办公厅关于对真抓实干成效明显地方进一步加大激励支持力度的通知》，明确对校企合作推进力度大、职业教育发展环境好、推进职业教育改革成效明显的省（自治区、直辖市）予以督查激励，职业教育也是唯一一项纳入督查激励的教育内容。2019年3月，教育部印发《职业教育改革成效明显的省（自治区、直辖市）激励措施实施办法》，公布了评价指标体系，明确把"完成好高职扩招工作任务"作为申报省（自治区、直辖市）的必要条件。

同时，加大专项资金支持力度。国家发展和改革委员会通过教育现代化推进工程（2022年修改为教育强国推进工程）安排中央预算内投资支持职业教育产教融合，重点加强高职院校等产教融合实训基地建设，改善基本办学条件和实习实训条件。2019年，中央财政安排现代职业教育质量提升计划专项资金237亿元，比2018年增长26.7%，并在接下来两年持续增加；在财政部、教育部发布的《关于下达2019年现代职业教育质量提升计划专项资金预算的通知》中，明确强调要统筹利用现有教育资源，支持做好高职扩招工作，充分释放扩招的政策效应。同年，财政部、教育部修订发布《现代职业教育质量提升计划资金管理办法》，将包含扩招生源在内的在校生数作为高职院校生均拨款奖补资金分配因素，对各地予以奖补支持，鼓励各地积极参与扩招，带动地方加大对高等职业教育的投入。

3. 加强教育督导问责

党的十八大以来，党中央提出深入推进管办评分离，扩大省级政府教育统筹权，为贯彻落实中央精神，于2014年印发《国家教育体制改革领导小组办公室关于进一步扩大省级政府教育统筹权的意见》。省级政府教育统筹权扩大后，国家如何衡量省级政府履行教育职责情况，如何督促省级政府加强教育统筹，优先发展教育事业，需要进行系统的制度设计。2017年5月，《国务院办公厅关于印发对省级人民政府履行教育职责的评价办法的通知》正式发布，将职业教育发展情况纳入对省级人民政府履行教育职责的评价内容。明确评价结果作为对省级人民政府及有关部门领导班子和领导干部进行考核、奖惩的重要依据。对履行教育职责不到位的若干情况，国务院教育督导委员会将按照有关规定提出问责建议，有力推动了省级人民政府主动改进自身工作。

聚焦到高职扩招专项工作，国务院办公厅将稳定和扩大就业列入国务院第六次大督查重点督查事项，组织督查组赴天津等16个省（自治区、直辖市）实地督查，通过线索核查、暗访督查、小范围访谈、实地走访等各种形式，了解地方高职扩招落实情况，推动扩招任务落实落地。同时，国务院教育督导委员会办公室将落实高职院校扩招计划情况纳入2019年对省级人民政府履行教育职责评价的重要内容，并组织力量赴江苏等6省（区）开展专项督导，了解地方建立高职扩招部门协同联动机制、推动完成承担的高职院校扩招计划、落实基本办学条件和专业建设"扩规模与保质量并重"要求等情况。

在具体工作过程中，教育部与31个省（自治区、直辖市）和新疆生产建设兵团建立了高职扩招集中调度机制，将各地教育系统相关部门纳入集中调度范围，按要求定期向教育部报送招生数据，及时掌握总体进展；教育部还结合"不忘初心、牢记使命"主题教育，赴辽宁等9个省份、12个地市、30所学校实地调研，累计座谈300余人次，了解各地各校实施情况，开展分类指导，帮助采取一系列实招、硬招，加强督导，确保扩招工作按计划落实。

第四章 高职扩招的地方行动

自高职扩招专项工作启动以来，各地省委、省政府高度重视，把这项工作摆在"六稳""六保"政治高度进行部署落实，以助力地区产业经济转型升级、提升劳动者能力素质、推动职业教育高质量发展紧密结合，全面开展高职院校扩招工作，形成了有益的经验和做法，并取得了显著的成效。

第一节 加强统筹协调力度

1. 政治挂帅，统揽全局

在地方各层级教育事权划分中，省级政府对高等职业教育发展有着更广泛的影响。高职扩招的落实取决于省级政府是否发挥统筹全局、协调各方的核心作用。据不完全统计，吉林、山东、福建、江西等省份的省委书记作出指示，省长作出批示，亲自主持召开会议，指导、研究高职扩招工作，确保扩招工作高位推动；天津、河北、福建、广西、四川等省份建立了扩招厅际联席会议制度或部门联动机制；陕西省将联合工作机制落实到县级层面。多地认真贯彻落实党中央、国务院决策部署，切实将扩招作为促就业、保民生、强职教的重大举措，建立了由省政府或省级教育部门牵头，发展和改革委员会、人力资源和社会保障厅等多部门共同参与的联动机制，成立专门工作领导小组统筹负责扩招工作的组织领导、政策制订、条件保障、统筹协调等工作。如山东省政府建立了由分管教育副省长召集，教育、公安、民政、财政、人力资源和社会保障等11个部门参加的协同联动工作机制，并且在2019年正式扩招前联合开展了专题调研，分类别、分层次赴实地调研样本2 300余人，其中涵盖了高中阶段应届毕业生、退役军人、农民工、下岗工人、高素质农民、企业在岗职工等不同群体，基本摸清相关人群的就读意愿和相关需求，在此基础上出台本省高等职业院校扩招实施方案，明确高职扩招的专业计划设置、考试招生、教育教学、学生管理以及相关部门责任等，为三年的高职扩招工作提供了政策基础和实施规范。

为进一步了解各地省级统筹情况，通过检索扩招关键词，在省级人民政府和省级教育行政部门官方网站获取了截至2021年12月31日的省级政府层面高职扩招相关政策文本清单136份（节选部分见表1），覆盖31个省（自治区、直辖市）和新疆生产建设兵团。

表1 省级政府层面高职扩招相关政策文本清单（节选）

序号	地区	省份	文件名称	发文单位
1	中部地区	安徽	安徽省教育厅等九部门关于印发《安徽省2019年高职扩招专项工作实施方案》的通知	安徽省教育厅、安徽省发展和改革委员会、安徽省财政厅、安徽省人力资源和社会保障厅、安徽省农业农村厅、安徽省商务厅、安徽省卫生健康委、安徽省退役军人事务厅、安徽省人民政府征兵办公室
2		安徽	安徽省教育厅 安徽省商务厅关于做好家政服务从业人员接受普通专科学历教育工作的通知	安徽省教育厅、安徽省商务厅
3		安徽	安徽省教育厅关于做好小学、幼儿园教师接受普通专科学历教育工作的通知	安徽省教育厅

续表

序号	地区	省份	文件名称	发文单位
4	东部地区	山东	山东省教育厅等11部门关于印发《山东省高等职业院校扩招实施方案》的通知	山东省教育厅、山东省公安厅、山东省民政厅、山东省财政厅、山东省人力资源和社会保障厅、山东省农业农村厅、山东省退役军人事务厅、山东省国有资产监督管理委员会、山东省总工会、山东省妇女联合会、山东省工商业联合会
5	东部地区	山东	山东省教育厅关于进一步做好高职院校扩招和学生培养管理的通知	山东省教育厅
6		广东	广东省教育厅关于做好2019年第二期高职扩招专项行动有关工作的通知	广东省教育厅
7		广东	广东省教育厅关于实施2020年高职扩招专项行动有关工作的通知	广东省教育厅
8		广东	广东省教育厅关于做好2021年高职扩招专项行动有关工作的通知	广东省教育厅
9	西部地区	陕西	陕西省教育厅等七部门关于印发《陕西省2021年高职扩招专项工作实施方案》的通知	陕西省教育厅、陕西省发展和改革委员会、陕西省公安厅、陕西省财政厅、陕西省人力资源和社会保障厅、陕西省农业农村厅、陕西省退役军人事务厅
10	西部地区	陕西	陕西省教育厅 陕西省农业农村厅 关于实施高素质农民学历提升行动计划的通知	陕西省教育厅、陕西省农业农村厅
11		陕西	陕西省教育考试院 陕西省招生委员会办公室关于2021年陕西省高职扩招专项报名及考试录取工作的通知	陕西省教育考试院、陕西省招生委员会办公室

续表

序号	地区	省份	文件名称	发文单位
12	东北地区	黑龙江	黑龙江省招生考试委员会办公室关于印发《2019年黑龙江省高职扩招专项考试招生工作实施办法》的通知	黑龙江省招生考试委员会办公室
13	东北地区	黑龙江	黑龙江省招生考试委员会办公室关于印发《2020年黑龙江省高职扩招专项工作实施办法》的通知	黑龙江省招生考试委员会办公室
14		黑龙江	黑龙江省招生考试委员会办公室关于印发《2021年黑龙江省高职扩招专项工作实施办法》的通知	黑龙江省招生考试委员会办公室

从地区分布上看，按照经济地带的划分进行统计，东部地区省份的政策共45个，占样本总量的33.09%，中部地区47个，占比34.56%，西部地区36个，占比26.47%，东北地区8个，占比5.88%，可见，除东北地区因省份数量少以外，其余地区出台的政策数量差异较小，省级政府高职扩招相关政策地区分布情况，如图1所示。

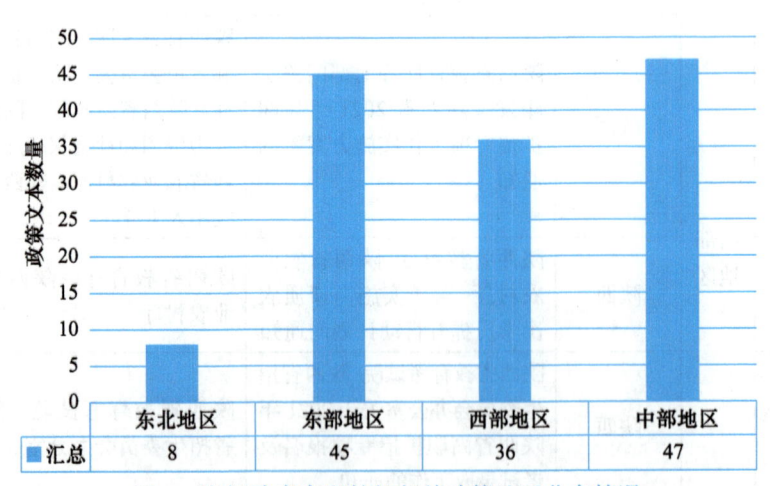

图1 省级政府高职扩招相关政策地区分布情况

从发文单位看，136个政策文本中涉及的地方政府及相关部门非常广泛，其中132个文本覆盖了29个地方部门，延伸至多个行业、多个领域，特别是卫生健康委员会的参与，主要目的就是为了应对新冠疫情的影响，各地结合实际情况大力培养卫生医护人员；另外还有4个文本是以省级人民政府名义下发，具体政策文本中涉及的地方政府部门出现频次统计情况见图2。从图中可以清晰看出，除教育部门外，发展和改革委员会、财政、人力资源和社会保障、农业农村、退役军人事务等部门的参与度非常高，主要是国家层面《高职扩招专项工作实施方案》的向下延伸。而公安部门的广泛参与，是因为这次高职扩招政策的特点是面向社会人员招生，涉及户籍这一报考条件的审核、证明等工作。

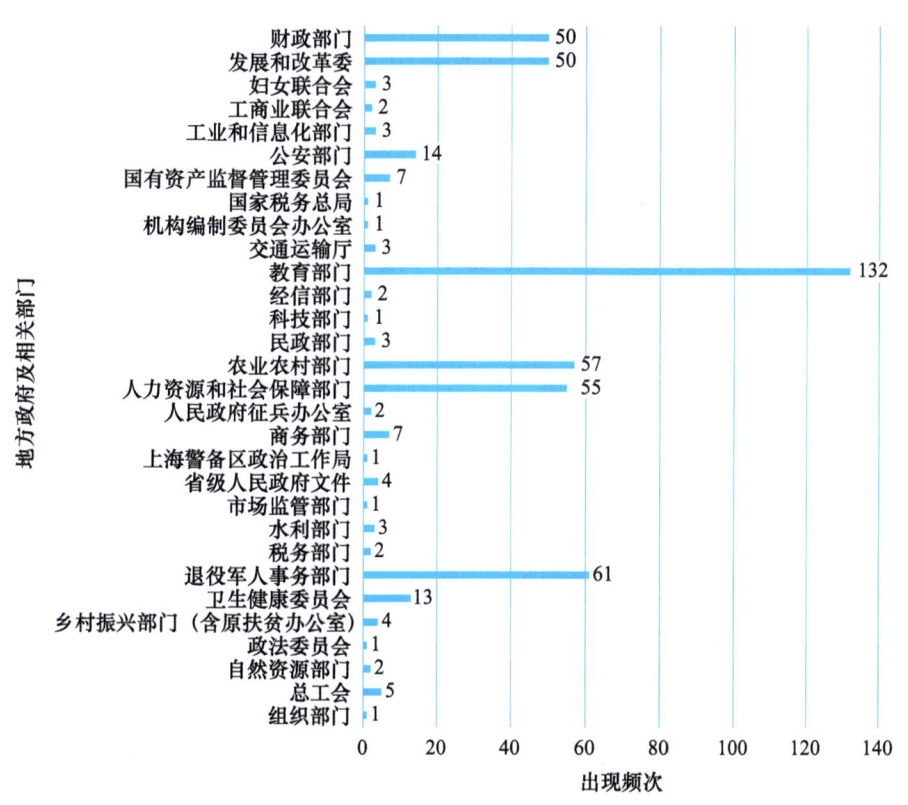

地方政府及相关部门	出现频次
财政部门	50
发展和改革委	50
妇女联合会	3
工商业联合会	2
工业和信息化部门	3
公安部门	14
国有资产监督管理委员会	7
国家税务总局	1
机构编制委员会办公室	1
交通运输厅	3
教育部门	132
经信部门	2
科技部门	1
民政部门	3
农业农村部门	57
人力资源和社会保障部门	55
人民政府征兵办公室	2
商务部门	7
上海警备区政治工作局	1
省级人民政府文件	4
市场监管局	1
水利部门	3
税务部门	2
退役军人事务部门	61
卫生健康委员会	13
乡村振兴部门（含原扶贫办公室）	4
政法委员会	1
自然资源部门	2
总工会	5
组织部门	1

图2 政策文本中涉及的地方政府及相关部门出现频次统计

从发文形式看，136个政策文本中，省级人民政府的名义发文的有4个，多部门（含政府部门、事业单位）联合发文的有78个，单一政府部门发文的为54个；从牵头部门看，教育部门牵头发文的有126个，占比达92.65%，具体情况见表2。

表2 政策文本发文形式统计表

序号	发文牵头部门	发文数量（个）	其中：多部门联合发文	其中：单一部门发文
1	省级人民政府	4	—	—
2	教育部门	126	74	52
3	非教育部门	6	4	2

从政策文本按功能分类看，通过查阅政策文本内容，大致可划分为9类，即：综合性的工作方案、高职扩招专项工作通知、针对社会生源群体的文件、考试报名通知、教育教学管理文件、强化宣传与服务通知、录取工作通知、学生管理文件、督查工作方案。目前，地方政府出台的政策文本集中在综合性的工作方案、高职扩招专项工作通知和针对社会生源群体的文件，具体统计情况见表3。

表3 政策文本按功能分类统计表

序号	功能分类	发文数量（个）	占比
1	综合性的工作方案	37	27.20%
2	高职扩招专项工作通知	48	35.29%
3	针对社会生源群体的文件	32	23.53%
4	考试报名通知	7	5.15%
5	教育教学管理文件	4	2.94%
6	强化宣传与服务通知	3	2.21%
7	录取工作通知	2	1.47%
8	学生管理文件	2	1.47%
9	督查工作方案	1	0.74%

通过对政策文本的收集、统计，不难看出，各地政府都将高职扩招宏观政策作为重要任务来抓，短期内出台多项制度文件，为推进高职扩招任务提供了坚强的制度保障；同时地方政府各部门积极履行教育职责，各司其职，挖掘自身资源，主动投身高职扩招工作，最多的以13个部门联合发文形式出台了高职扩招的政策制度。

2. 健全机制，压实责任

职业教育涉及部门众多、参与主体多样，仅靠教育部门一家之力难以有效推动高职扩招，必须统筹发展和改革委员会、财政、人力资源和社会保障、工业和信息化等相关部门有效协同方能持续推进。在高职扩招专项工作推进过程中，各地高度重视，在多部门联合发文落实扩招工作的同时，建立常态化工作机制，定期召开扩招工作推进会，定目标、提要求、明任务，压实各地市和招生院校的工作责任。如甘肃省建立了省政府统一部署、省直部门联合推进、学校主抓落实的高职扩招工作机制，省教育厅主要负责同志每年定期召集省发展和改革委员会等6部门及全省高职院校召开全省高职扩招专项工作推进会，安排部署高职扩招工作。河北省成立由省教育厅厅长任组长的高职扩招工作领导小组，明确工作责任分工，实施定期调度推进工作制度；在此机制作用下，2019年以来河北省教育厅会同发展和改革委员会、财政、人力资源和社会保障、农业农村、退役军人事务、公安等部门已发布《河北省高职扩招专项工作实施方案》《河北省2019年高职扩招培养基层医疗卫生人员专项工作方案》《关于高等职业院校招收退役军人等群体人员人才培养方案制订与实施的指导意见》等10多项扩招专项制度文件，全面安排部署推进高职扩招工作，建立了长效机制。辽宁省政府先后多次召开省级直属相关部门参加的专题会议，分管教育副省长亲自部署，定目标、提要求、压任务，推动各部门形成合力；省教育厅成立扩招专项工作领导小组，建立对各市教育局的定期报告和约谈制度，压实各市和招生院校的工作责任。

通过实施高职扩招工作，各地教育行政部门与相关部门在对接上更加紧密，合作上更加顺畅，为各部门通力合作推进现代职业教育发展提供了前提。同时通过将扩招工作纳入地方政府考核指标，各地在推进扩招工作的同时，不同部门也进一步加深了对职业教育的认识和重视，为整体推动职业教育发展创造了条件。

3. 强化监督，科学管理

各地结合省域实际情况建立了政府统筹、部门协作、上下协同的长效机制，纷纷出台省级高职扩招工作实施方案。从收集到的各省级政府政策文本看，天津、河北、山西等29个省（自治区、直辖市）和新疆生产建设兵团均出台了省级高职扩招工作实施方案，明确各部门责任分工，统筹推进任务落实；北京和江苏2个省份以工作通知的形式明确了高职扩招有关工作。省级方案都把高职扩招落实情况列入地市级政府履行教育职责督导评估的重要内容，可见，各地是以省级方案为抓手，严格要求各相关部门切实履行主体责任，加强对高职扩招全过程的督查与监管，确保扩招任务落实落地。如安徽、江苏等省份建立奖励与问责机制，将高职扩招完成情况列入省委、省政府对高职院校领导班子考核的重要指标，并与质量工程项目基数、现代职业教育提升计划资金分配等挂钩，进一步压实院校责任。部分省份将监督管理下沉至地市，加强对地市高职扩招任务完成情况考核，如山东省将扩招工作作为市级人民政府履行教育职责督导评价的重要内容和高职院校评估的重要指标等，进一步加深了地方政府对职业教育的重视；重庆市将区县生源组织任务纳入2019年度区县政府履行教育职责督导评价重要内容，实行目标管理等。

还有省份加强对人才培养的全方位检查，通过巡视整改和专项教育教学检查，进一步提升高职扩招人才培养质量。如重庆市三轮市委巡视高校近20所，查摆涉及高职扩招教学问题10余条并严格落实整改，督促高职院校加大授课与实训条件投入，确保教育教学规范开展。安徽省教育厅"高职扩招人才培养质量监测平台",组织专家对扩招院校教育教学环节进行督查,确保集中授课学时不低于40%,确保课堂教学质量标准不降。陕西省教育厅成立了专家组,对2019—2021年以来承接高职扩招任务的53所高校开展专项检查,制订《专项检查清单》,分8类37项观测点,实现扩招院校、专业、学生全覆盖。

第二节　完善考试招生办法

1. 加强招录部署落实

高职扩招的总体思路是进一步深化高职院校考试招生制度改革,针对不同群体的特点和受教育状况,分列招生计划、分类考试评价、分别选拔录取。各地也根据新情况新形势,加强对招录工作的统筹,为各类群体提供多样化入学方式。

一是压实招录责任,确保扩招工作规范有序进行。如江西省教育厅印发《关于进一步规范面向社会人员高职专项扩招招生秩序的通知》,明确要求各扩招院校建立主要领导为第一责任人的扩招领导小组,并分别设立保密、报名录取、考题考务、技术保障、安全保卫、后勤保障、纪检监察等工作小组,还要求院校签订诚信招生承诺书。

二是合理调配招生资源,确保教育公平。浙江省科学统筹各阶段、各类生源招录工作,在摸清高职院校办学资源底数基础上,扩招计划主要安排给仍有办学资源、能够扩招的院校,并优先考虑近年来存在招生缺额的院校,使扩招生源在入学后能享有基本的教育资源,把住"质量型扩招"之本,避免出现低分高就。

三是做好疫情防控,确保招录工作安全有序进行。在新冠疫情防控常态化背景下,各省要求院校做好考录防疫,组织新生分专业、分地域、分批次入学报到,严格做好新生健康监测数据和个人信息采集工作,提前对教室、食堂等公共场所进行全面清洁消毒。2020年,昆明艺术职业学院为了避免人群大规模聚集造成的重大疫情扩散，与中国移动云南分公司合作，组建了高职扩招云考场，通过云考场模式实现了数字化视频考试方案。

四是加强监督检查。各省份不断加大违规查处力度，要求各学校的纪检监察部门全程参与招生录取工作，并主动在官网公布扩招工作联络人，对接到的举报进行实时核查，对有违规行为的招生院校从严处罚，起到警示作用。

2. 科学合理制订扩招计划

高等教育属国家事权，由于职业教育与经济联系紧密，而专业布局则与区域产业直接挂钩，结合"放管服"的要求，教育部已将专科的招生计划下放至省级政府部门，主要由省级教育行政部门牵头制订。高职扩招聚焦在高等职业教育领域扩招，意在为各地加快培养产业发展急需的各类技术技能人才，各地政府也牢牢抓住这一机遇，谋划招生专业布局，为未来区域产业发展做好人才储备。

一是科学合理制订扩招计划，确保扩招工作落实到位。辽宁省教育厅统筹协调，多次与省人力资源和社会保障厅、农业农村厅和退役军人事务厅就不同类型生源的底数摸排、宣传动员、资格审核进行沟通协调，科学制订方案，合理安排招生计划，细化任务分解，指导各市、有关高校开展扩招工作。江西省合理分配招生计划，优先满足实体经济人才需求，加大对贫困地区特别是连片特困地区倾斜，加大残疾学生培养力度，扩大中高职贯通培养招生规模。重庆市坚持以需求为导向，按照"社会急需、适合成人、易于就业"的原则，招生计划重点向优质高职院校和大数据、人工智能、生物医药等重点发展领域及就业前景好的专业倾斜。

二是结合生源分布和个体需求情况，精准制订分类扩招计划。多地结合高职扩招社会生源群体的特点，通过单列招生计划帮助其接受高等职业教育，打通"供给"和"需求"两端，对口培养技术技能人才，形成良好政策效应。安徽省根据"四类群体"所在的行业特点和生源区域分布情况，创新工作方法和思路，强化部门协同，省教育厅会同省卫生健康委员会实施乡村医生学历提升计划，会同商务厅、住房和城乡建设厅实施商贸流通领域和建筑行业从业人员学历提升计划，会同省政府征兵办开展新入伍士兵"入伍即入籍、退役即入学"人才培养试点，保障退役士兵退役与入学、毕业与就业的有效衔接，打出系列政策"组合拳"，拓展生源面。山西省部分院校依托省林业和草原局，动员符合条件的林业基层人员报考森林防火指挥与通信专业等。江西省通过启动高素质农民培养、幼师学历提升、国企职工素质提升、基层医护人员能力提升等一系列专项计划，在完成高职扩招任务的同时，形成对省内重点行业、产业和人才紧缺领域的精准支撑，为江西经济高质量跨越式发展释放人才要素活力。广东省突出重点群体招生，聚焦市域产业发展需求，深化校地融合，河源市联合河源职业技术学院帮助 550 余名村干部提高素质，五华县、大埔县与广东农工商职业技术学院协同组织超过 1 000 名农民"紧跟农时、且耕且读"。

三是根据学校专业优势，分类对口开展扩招。安徽省遴选部分高职院校作为新入伍士兵退役入学试点校，遴选开设医药卫生类国家控制专业院校作为基层卫生人员学历提升培养校，遴选开设师范类国家控制专业院校作为小学幼儿园教师学历提升培养校。

3. 优化招录考试方式

各省在采用"文化素质+职业技能"方式基础上，根据实际情况灵活进行招生考试，严把入学关。多数院校对扩招生都采取了入学考试的方式，包括采取文化素质考试+职业技能考试或职业适应性测试、学校单独组织考试、免予文化素质考试只组织职业技能测试或职业适应性测试，既确保学员达到相应的学习基础，也更好地了解学员目前的职业技能水平情况。

一是根据不同群体的特点和受教育状况，分类组织招生考试。河北省针对应届高中毕业生，文化考试实行全省统考或折算会考成绩，职业技能考试由报考的高职院校负责组织；其他社会人员可免予文化素质考试，由招生院校组织与报考专业相关的职业适应性面试或职业技能测试，根据成绩录取。陕西省积极探索实施高职分类考试的科学办法，组织编制《校际联考专业目录》，明确各专业类牵头院校和校际联考牵头院校，开展了职业适应性（技能）计算机测试校际联考改革试点，考生和社会反映良好。

二是根据学员身份和背景不同，创新考试录取方式。江西省针对考生职业组成的多样性、年龄结构的跨度性和学历背景的不确定性，改革传统考核方式，重点考查考生的政治素养、职业素养、职业适应性等综合素质；并综合考虑计划安排、专业培养要求等，分类确定录取标准，确保有升学意愿且达到基本培养要求的考生能被录取。

三是根据实际情况和院校条件，灵活组织测试。甘肃省技能测试分类采取不同方式，对应、往届中职毕业生以在校期间参加国家、省、市、县（区）级技能大赛成绩为准；其他类扩招人员，由招生院校结合现代学徒制试点专业、企业订单培养协议等技术技能型人才培养需求，按照学生需求和特长，由学校和企业联合组织职业适应性测试。四川省对取得相关职业资格证书和职业技能等级证书的考生，报考相关专业免予职业技能测试；同时鼓励扩招高校采取联合考试或成绩互认等方式，减轻考生考试负担。

第三节　推进学历教育与职业培训融通发展

1. 课证融通提升技术技能水平

2019年4月，教育部、国家发展和改革委员会、财政部、国家市场监督管理总局四部门印发《关于在院校实施"学历证书＋若干职业技能等级证书"制度试点方案》，通过实施1+X证书制度试点，引领创新技术技能人才评价模式，将学生职业技能水平的评价由政府认定改为社会化等级认定，接受市场和社会认可与检验，拓展就业创业本领，形成以市场为导向的技能人才培养使用机制，破除对技能人才成长和弘扬工匠精神的制约。各地积极指导各院校在推行1+X证书制度试点过程中，有机结合高职扩招工作，加快学历证书和职业技能等级证书互通衔接，帮助更多学生长技能、好就业。如义乌工商职业技术学院将1+X证书与高职扩招分类人才培养方案深度融合，加入职业技能等级证书相关要求，契合行业企业岗位能力需要，在2020级电气自动化技术、机电一体化技术、工业机器人专业的人才培养方案中，设置"工业机器人技术基础""工业机器人现场编程""工业机器人装配与调试"和"工业机器人编程与应用实训"等1+X证书相关课程，学生完成课程学习即可参加相应的职业技能等级证书考核。无锡商业职业技术学院设置省级品牌专业——烹调工艺与营养专业，作为"社会扩招"的招生专业，并依托国家首批1+X证书制度试点，将证书标准和内容融入专业课程，提升退役军人、农民工、下岗工人、高素质农民等160余名社会生源的技术技能水平。

2. 产教融合提高人才培养质量

各地学校能够结合实际，围绕当地经济社会发展重点要点，着力打造高水平专业群，因地制宜构建有地方特色的人才培养模式，积极推动产教融合落实落地，进而支持当地重点产业、重点企业、区域支柱产业发展，引领学校职业教育实现高质量快速发展。如玉溪农业职业技术学院深入推进产教融合，以高原特色农业发展为基石，坚持走"农科教三结合"的路子，探索出了一套适合农业技术人才培养模式，形成了"农科教三结合"的服务"三农"模式。面向烟草产业、云菜产业、云花产业、云药产业，将"农业发展需求、农业科技服务、农科人才培养"一体化设计、实施。构建了特色鲜明的"课堂搬到田间去、课程跟着节令走""田间是课堂，师傅是老师，工人是学生"的立体化教学模式,培养的学生"下得去、用得上、留得住、能吃苦、有知识、技术强、懂经营、会管理",受到了用人单位的高度评价。

3. 面向市场加强创新创业能力建设

各院校在人才培养过程中,除了注重技术技能水平的培养,愈来愈注重学生创新创业素质的提升,部分院校能够紧跟产业发展趋势,邀请行业企业专家、创业投资人士、技能大师走进校园,以论坛、讲座和模拟活动等不同形式,在专业群范围内营造创新创业氛围,增强学生创新意识和创业能力。依托学校专业群、科技社团、创业孵化等实践教育平台,为学生提供创新创业训练项目和创业实践项目。积极开展"互联网+"创新创业大赛等活动,创建以课程、课堂、实训、竞赛、成果孵化为主要内容的"五位一体"创新创业教学体系,在学生的创意、创新、创业、创造意识培养和能力提升等方面实现协同与融合,形成创新创业教育体系。如辽阳市退役军人就业创业培训基地在辽宁建筑职业学院正式挂牌成立,设立专项创业基金,为高职扩招退役军人学生提供创新创业意识培养、创业综合培训、企业孵化服务等全方位立体化支持。该校与辽阳市退役军人事务局联合举办"2020年辽阳市首届退役军人创新创业"大赛已启动,通过活动激发高职扩招退役军人学生提高职业素质、锻造技术技能、培养工匠精神。

4. 专项行动助力"四辅人员"[①]

各地在实施扩招过程中,重点关注"四辅人员"的综合素质提升,实施了多项专项行动,取得良好成效。从调查情况看,退役军人、农民工、下岗工人、高素质农民等重点扩招社会人员,他们对扩招政策都表示了极大肯定和满意。

如新疆生产建设兵团会同相关部门实施好三个专项计划。一是连队(村)"两委"班子成员能力提升专项计划,继续支持尚未达到全日

---

① 四辅人员是指退役军人、农民工、下岗工人和高素质农民。

制普通大专学历的兵团连队（村）"两委"班子成员通过扩招进入高等职业院校学习实用技能，旨在培养一批具有开拓意识、推动"三农"发展、促进增收致富的高素质人员，打造"留得住、用得上、干得好、带得动"的"永久牌"连队（村）"两委"班子，助力乡村振兴。二是企业技能人才能力提升专项计划，支持尚未达到全日制普通大专学历的企业在岗职工通过扩招进入高等职业院校提升技能水平，在录取人数较多的企业设立教学点送教上门，根据企业需求培养一批适应能力强、技能水平高、综合素质优的技术技能人才，为企业发展提供人力支持。三是幼儿教师能力提升专项计划，支持尚未达到全日制普通大专学历或大专学历非学前教育相关专业的兵团幼儿园在职教师、保育员通过扩招进入高职院校学习，提高专业能力和职业素养，打造"专业素质高、留得住、干得好"的幼儿教师队伍，提高团场幼儿教师的稳定率，加强幼儿教师队伍建设。

如 2021 年吉林省卫生健康委结合省情，会同省教育厅、财政厅、中医药管理局制订《吉林省"一村一名大学生村医计划"实施方案》，并作为专项纳入高职扩招计划，白城医学高等专科学校主动承担该项任务，在临床医学、针灸推拿两个专业中录取"村医"共 2 209 人，开展为期三年的学历提升教育，为培养一批源于本乡本土的大学生村医，更好地为农村居民提供便捷可及、优质高效的基本医疗卫生服务作出重要教育保障。

第四节　改善办学条件支撑

1. 多渠道筹措资金

长期以来，高职院校办学条件处于"紧平衡"状态，绝大多数办学指标在标准线附近。高职扩招 3 年共扩招 413 万人，在校生规模将超过 1 500 万人，相当于 2018 年校生规模的 130%，办学条件被大幅稀释，多数学校的教学设施、生活设施处于超负荷工作状态。为此，高职扩招专项工作启动后，多地积极出台各项举措，改善办学条件，加强保障，确保扩招工作顺利进行。受新冠疫情和国际局势影响，各地经济下行压力较大，为做好扩招工作的资金保障，各地通过不同渠道筹措资金，保证工作正常推进。

首先，不打折扣——积极落实国家有关生均经费标准。河北省教育厅会同省财政厅加强专项资金统筹管理力度，建立与办学规模、培养成本、办学质量等相适应的财政投入制度。依据各学校实际承担的扩招任务，科学合理制订年度资金分配方案。落实公办高职院校每年1.2万元生均拨款，加大政府购买教育服务力度，对承担扩招任务的民办高职院校给予一定奖补。四川省除实现高职院校生均一般公共教育经费1.7万余元，还出台文件完善民办高职院校成本分担机制，合理提高学费增额。湖北省财政厅于2020年、2021年先后向18所参与扩招的省属公办高职院校下达资金1.8亿元、1.6亿元，用于提高校生均拨款水平。

其次，提标扩面——完善和落实奖助学金、助学贷款等政策，扩大奖助学金覆盖面。山东省为高职院校学生提供11项资助政策清单，扩大国家励志奖学金、助学金覆盖面并提高补助标准。安徽省教育厅资助中心将扩招人员纳入资助范围中，按照与在校生同等比例分配资助名额，确保扩招学生享受同等资助待遇。安徽医学高等专科学校扩招学生与普通高考学生享受同等资助政策，在校期间可以申请奖助学金、学费减免等。2020年扩招班各类奖助学金合计712人次，发放103.68万元。

再次，专项抵扣——落实学费减免和补助政策。各省积极落实退役军人每年最高不超过8 000元的学费减免。江苏省、山东省明确企业在职人员学费可从企业职工教育经费中支出，并按有关规定在企业计算所得税时予以扣除。深圳职业技术学院扩招的云南昭通籍建档立卡贫困学生，除享受学费减免等相关国家资助政策外，深圳市扶贫办给予每人每年8 000元的生活补贴和2 000元交通补贴。海南省加大财政支持力度,将对口单招中职毕业生学费补助标准由5 000元提高至10 000元。上海市涉农专业学生可享受每年学费减免5 000元或取得学历证书后给予50%～80%学费差额补助的政策支持。如海南省鉴于当地大多数中职毕业生家庭收入不高,来自农村且学费筹措困难的学生较多,家庭经济状况导致学生升学的意愿不强,中职学生报考高职的数量不多等原因,提出对参加对口单独考试招生具有海南户籍或学籍的中职毕业生(含应往届),以及就读海南省职业教育人才培养及招生试点项目的中等职业学校毕业生(含应往届),省财政将学费补助标准由原来每人5 000元提高到每人10 000元(录取给予5 000元学费补助、获得毕业证后再给予5 000元学费补助),不断加大奖励和补助力度,解决中职毕业生升读高职的实际困难。

最后,自给自足——学校自筹和吸纳社会资金投入。近三年,重庆市各扩招院校通过政府专项贷款、自筹资金,共筹集87.82亿元投资,新改扩建200多万平方米教学用房、实验实训用房、宿舍等。山东省出台全国首个混合所有制办学政策,鼓励校企共建教学、实训基地,弥补办学条件不足;47所职业院校参与混改,拉动社会投资超百亿元。

2. 多元化调配教师

据调查,96.2%承担扩招任务的院校会利用各专业原有专任教师资源,60%院校会增聘企业兼职人员,40%院校会增聘社会兼职人员,近1/4院校会专门引进或招聘人才,1/5院校会安排校内其他师资培训后转岗,还有近10%院校会补充银龄讲学人员。如湖南省对标国家相关标准,及时重启编制核定工作,从总额中单列30%的编制用于聘请行业企业兼职教师,推动高职院校新增教师2 113人,新引进企业能工巧匠3 728人;同时统筹国培省培项目,推动结构化教师队伍建设,三年累计投入1.4亿元培训高职院校教师近2万人次。山东省改革职业院校教师招聘制度,对业界优秀人才可采取试讲、技能操作、专家评议或直接考察的方式组织招聘，建立高水平教师引进"绿色通道"，畅通技能大师、能工巧匠进入职业院校任教的渠道，弥补校内师资不足；同时还印发了《关于完善高等学校绩效工资内部分配办法的指导意见》，加强对教学岗位绩效工资激励制度，要求学校将绩效工资向教师、教学倾斜，提高教学工作在绩效工资分配中的比重，有效激发了教师承担教育教学任务的积极性。深圳信息职业技术学院建立校内专任教师、校外兼职教师、企业导师的多元化扩招教师队伍；坚持"先培训、后上岗"，开展教师岗前通识培训与专业培训，涉及师德师风、课程建设、教学管理、教学评价、线上授课等内容；共外聘兼职教师授课 602 人次，本校教师参加授课 106 人次。

3. 多举措改善条件

在财政资金吃紧的情况下，各地想方设法优化资源配置，灵活规范使用金融手段，逐步改善高职院校的办学条件，确保教育教学工作正常进行。

首先，部分地方深挖现有办学资源，充分利用有限财力，全力解决教师、教室、宿舍、食堂等基本办学条件提升和改善问题，对宿舍进行扩容改造，增加食堂设施设备，扩大学校教育教学容量，努力做到"能招尽招"。辽宁省三年累计投入省级及以上资金 29 亿元支持职业教育改善办学条件，指导院校加大对实习实训设备等教育教学设施的投入。加强教学条件保障。曲靖职业技术学院学校按照科学、高效的原则对校内实训功能区进行了统筹规划，注重实践教学设施设备建设，丰富了课堂教学手段，扩大了优质教育资源覆盖面，新建实训楼 A 栋建筑面积 12 625.62 m^2，新建实训楼 B 栋建筑面积 9 276.13 m^2，新建实训楼 C 栋建筑面积 11 939.78 m^2，现已投入使用，新建图书馆建筑面积 11 987.37 m^2，新建学术交流中心建筑面积 5 134 m^2，建设地下室建筑面积 9 997.43 m^2。新疆的石河子工程职业技术学院在高职扩招后，在上级部门大力支持下，学院对现有教学实训用房进行建设和改建：改建教学综合楼三栋，实验实训楼两栋，实训工厂两个总建筑面积 46 619.76 m^2；新建图书馆一栋建筑面积 6 710.5 m^2；新建室内体育用房（风雨活动室）一栋建筑面积 6 496 m^2；校级办公用房两栋建筑面积 1 840 m^2；改建学生宿舍（公寓）五栋建筑面积 28 891.86 m^2；单身教师宿舍（公寓）一栋建筑面积 906 m^2；学生食堂两栋建筑面积 8 568.36 m^2；教职工周转房五栋，建筑面积 5 741.65 m^2；后勤及附属用房包括医务室、公共浴室、超市、车库、热交换站、水泵房等，建筑面积 1 499.25 m^2。

其次，优化资源配置，实现教室、实训室利用的最大化。甘肃省指导各高职院校统筹利用教育教学资源，按照不同人员的学习方式科学排课，根据不同授课时段，错峰安排教室、实训室、图书馆以及校外实习基地，全力保障扩招后教育教学需要。山东省发展和改革委员会、教育、工业和信息化、人力资源和社会保障等 7 部门联合出台大型共享实训基地建设指导意见，按照多元化投入、市场化运作、企业化管理方式，促进区域内职业院校共建共享实训教学资源。

最后，加强校内外资源统筹利用。江西省鼓励优质中职学校与高职院校有机组合师资、教学实训、食宿等资源，提高优质职业教育资源使用效率。天津市海河教育园区积极整合辖区资源，园区内各职业院校之间实现课程互选、学分互认、资源共享，最大限度地实现集中办学、集约办学。福建省组织全省 45 所高职院校与 605 家企业联合开展高等职业教育"二元制"人才培养，有机组合企业厂房和生产设备等资源。江西电力职业技术学院与江西省电力有限公司所属 12 家地市供电公司签订校企合作协议，在全省各地分区布点和校企共建"实训场地"，为属地化教学提供实训保障。江苏电子信息职业学院挖掘社会资源，在软件园、物流园和工厂车间开展现场教学。

第五节 广泛宣传动员报名

1. 各类媒体齐上阵

各省教育厅与多部门联合开展扩招宣传，利用各级各类媒体开展广泛动员，及时解读相关政策、回应社会关切问题，充分营造"崇尚一技之长"的职业教育氛围。山东、江西、辽宁、天津等省份召开相关部门以及各大媒体参加的新闻发布会，发布高职扩招工作方案"明白纸"，通过官方媒体、报纸、电视台、网络平台、微信、抖音等渠道宣传解读扩招政策，确保政策有效传播。

2. 深入基层全覆盖

各地为了进一步提高政策宣传的针对性，除了在媒体上广泛宣传外，还采用线上线下相结合方式，建立起一整套"立体化"的招生宣传渠道。海南、甘肃、安徽、湖南、江西等省份高职院校既积极联系企业、退役军人事务厅、县区扶贫及人力资源和社会保障部门等机构，面向不同人群进行专门宣传，将宣传重心下移，主动进社区、进乡村、进工厂、进集市、进班级，让好政策做到"家喻户晓"；部分省份高职院校还成立了党委书记任组长的扩招专项工作领导小组，深入园区社区、工厂车间、田间地头等一线，向考生做好招生宣传和政策咨询服务，确保招生政策应知尽知、深入人心。

3. 精准服务有温度

各地在"地毯式"轰炸宣传的基础上，还通过精准指导的方式，各省指导高职院校通过网站、微信等平台，全面、及时、准确地发布学院概况、招生章程、招生计划、专业介绍等信息，全面做好宣传和志愿填报指导工作，确保有关政策精准传达到每一位考生。江西省组织各设区市教育局和各省属中职学校对近3年中职学校毕业未升学的学生进行逐一通知，确保不遗漏；针对普通高中已参加高考还未填报高职院校志愿的学生，以学校或班级为单位，全面做好宣传和志愿填报指导工作，把有关政策精神传达给每一位高考考生；协调省人力资源和社会保障厅，通过发短信、发微信、电话通知、走访、召开座谈会等方式，对下岗工人、农民工、在岗职工进行点对点宣传，确保相关群体知晓高职扩招政策。甘肃财贸职业学院主动与各地政府、有关部门、企业、学校进行对接，宣传招生政策、组织高质量生源，学院领导亲自带领相关工作人员，与合水县教育局、林业管理分局、甘肃省退役军人事务厅、礼县扶贫开发办公室、会宁县农业农村局等政府部门以及甘肃省的部分企业进行联系；各相关部门负责人还分别与各县区教育局及招生办公室、人力资源公司等部门和企业沟通，广泛挖掘潜在生源。对于意向人员，学院教职工在了解其基本情况的基础上，帮助分析困难、机遇和前景，鼓励学习掌握一技之长提升就业质量。对于如何解决工学矛盾，充分解释学院弹性灵活的教学方式和保障措施，打消顾虑和疑惑；对于报考人员，通过电话、微信指导报名流程和注意事项。其间，有20多名教职工自己开车带领报考人员辗转相关部门办理相关手续，相关部门领导带领人员到县区给报考人员现场报名，还有干部亲自到当地县教育局、人力资源和社会保障局协调工作，目的就是让考生少跑路、一次性办理完审核、报名手续。

第五章 高职扩招的实施成效

据人力资源和社会保障部公布数据显示，截至2021年底，全国技能人才总量已超过2亿人，较2018年的1.65亿增长超过20%，技能人才占就业人员总量的比例超过26%，较2018年增长近5个百分点，高技能人才超过了6 000万人，进一步缩减了技术技能人才缺口。根据2021年农民工监测调查报告，在全部农民工中大专及以上学历的占12.6%，比2018年的10.9%提高了1.7个百分点。这些成绩的取得，有相当一部分功劳属于高职扩招。高职扩招三年行动实施以来，政府部门的管理机制充分创新，各地盘活教育资源，保障了高职扩招后各项工作平稳开展，各类社会生源的多样化学习诉求得到满足，取得了积极成效。

在服务产业发展方面，高职院校以扩招为契机，积极对接区域经济社会发展，进行广泛的调研，结合扩招生源学习基础、学习能力、学习方式、就业等方面，调整专业设置，持续增强与产业结构的适配性，为建设区域现代经济体系作出贡献。

在服务促进就业方面，高职院校多措并举，持续做好创新就业服务方式，提供精准就业帮扶，并且多方联系合作企业提供工作岗位，帮助社会生源群体就业质量稳步提高，通过高职扩招专项创造更多成功的机会。

在服务技能提升方面，针对技术革新要求迫切，一线工人转岗需求较大的领域，高职院校与企业开展多方面合作，社会生源获得了知识、技能、学历提升的宝贵机会，有力地提升产业工人队伍的职业素养和综合素质，在很大程度上缓解高素质技术技能人才供给需求之间的结构性矛盾。

第一节　教育专业结构与产业结构适配性增强

1. 专业设置与区域经济发展需求量大的产业相统一

部分高校从服务区域经济社会发展出发，充分考虑专业与产业需求的对接度和办学条件等因素，以专业群建设为抓手，不断调整优化专业结构，提升专业建设与经济社会发展需求的契合度。

一是对接区域现代产业体系建设专业群，不断优化专业结构，形成专业群建设发展格局。河北省按照"重点布局经济急需、社会民生领域紧缺和就业率高"的原则，遴选京津冀区域经济建设急需、社会民生领域紧缺和本区域稳定发展企业有订单培养需求的专业作为扩招专业。截至2021年，家政服务、养老服务、育幼服务、电子商务等社会紧缺领域专业计划占比达57%，新能源汽车运用与维修、新型建筑材料技术等经济建设急需领域专业计划占比21%，有力支撑河北省区域经济发展。内江职业技术学院对接内江市产业布局，构建"1+3+4"（"1"指现代农业技术专业群，"3"指汽车制造与试验技术专业群、新能源汽车技术专业群、智能建造专业群，"4"指电子商务专业群、电子信息专业群、智慧财经专业群和艺术设计专业群）专业群格局，稳步形成"以群建院"的内江模式。上海市主动对接上海"五个中心""四大品牌"建设需求，重点在家政服务、护理、学前教育、老年服务、空乘（面向"上海服务"领域）、大数据技术与应用、机电一体化技术（面向"上海制造"领域）、电子商务（面向"上海购物"领域）、艺术设计（面向"上海文化"领域）等专业进行扩招。

二是精准对接行业及企业发展需要，一些高校以与企业开展深度合作的个性化专业开设方式，整合学校和企业的教育资源，为企业发展精准培养定向专业人才，更好发挥职业教育服务地方经济发展和中小企业发展的功能。甘肃畜牧工程职业技术学院与青铜峡市恒源林牧有限公司、甘肃普安制药股份有限公司等企业合作开设恒源林牧专班和普安制药专班。广州华南商贸职业学院联合餐饮企业、幼儿园、农村电商协会开展粤菜师傅班、幼儿园教师班、高素质农民班等专业班。黑龙江生态工程职业学院紧紧围绕中国龙江森林工业集团有限公司产业转型发展和考生人群岗位需要设置专业，针对退役军人在各林业局森林防火办、森防大队、城市消防大队工作就业比较集中的现实情况，开设了森林草原防火技术、建筑工程技术（建筑消防设施方向）等专业。宁夏职业技术学院在高职扩招专业中设置畜牧兽医、葡萄酒文化与营销等与九大重点产业发展高度相关的专业。许昌电气职业学院对接中原电气谷、高端装备制造产业园、电梯产业园等产业园区建设需要，遴选优质专业作为扩招专业。

三是扩招专业对接岗位需要，结合地方和区域经济发展、产业结构调整合理设置扩招专业，同时综合考虑高职扩招人员学历层次、知识结构、工作经历等因素，满足了不同层次、不同学习方式扩招学生的差异化需求。三门峡职业技术学院考虑适合退役军人群体、农民工群体和企业职工群体等就业和提升需要，重点开设电子商务、建筑工程技术、酒店管理与数字化运营、机电一体化技术等扩招专业。信阳航空职业学院结合地方和区域经济发展、考生具体情况合理设置乡镇财务会计方向、农产品营销方向，重在满足不同考生差异化需求。贵州电子商务职业技术学院按照"进校学生""线上学生"两类学生特性实施分类扩招，进校学生专业选择就业形势好的大数据技术应用等专业扩招，针对线上中石油、中石化等企业的在职学生，选择结合工作需求去学习可利用的电子商务、市场营销、物流管理等专业，帮助掌握一技之长，促进就业创业。重庆工程职业技术学院面向退役军人、农民工、下岗工人、高素质农民招生的专业均为市场需求大的专业，面向企业员工开设的专业则是企业急需提升管理人员专业技术技能方向的专业，如煤矿开采技术专业、矿井通风与安全专业等。

2. 专业设置与区域经济建设急需、社会民生领域紧缺产业相统一

一是服务乡村振兴战略。各高职院校结合自身办学定位、办学条件和发展规划等因素，坚持以服务乡村振兴战略为导向，对标乡村规划建设、乡村发展人才培养、乡村产业发展等，融合自身办学特色调整专业。湖南生物机电职业技术学院结合农业类学校特点，从区域经济建设急需、农业领域紧缺和就业率高的专业遴选出12个优质专业作为扩招专业。甘肃农业职业技术学院明确乡村干部、农业经营主体带头人、退役军人、涉农企业员工为重点扩招对象，立足学院特色优势，确定了经济信息管理（乡村干部班）、作物生产技术（中药材栽培与加工、蔬菜栽培方向）、园艺技术（花卉、果树栽培方向）、畜牧兽医、食品加工技术、食品营养与检测等9个优势专业进行扩招。铜川职业技术学院以中药学、中医养生保健等专业为平台，以宜君县当地特产核桃、辣椒、党参等为原料共同研发核桃夹馍酱，协助其创建铜川"老干妈"品牌并推向市场，同时选派机电一体化专业教师对工人进行现场指导、现场培训，攻克技术难题，使得该生产线最终顺利投入生产，目前日生产量5 000瓶，年收益150万元。

二是服务社会民生紧缺领域发展。部分高校围绕社会服务产业链打造特色专业群，面对家政服务、养老服务、应急管理类产业发展的新岗位、新需求，灵活设置扩招专业方向，着力培养基层卫生技术人员，高端家政服务人才，家政机构、大型康养综合体经营管理者。黑龙江省教育、卫生与健康委员会、中医药管理部门联合开展针灸推拿、中医学、口腔医学、临床医学等专业基层卫生技术人员专项扩招。赣南卫生健康职业学院以服务康养、中医药产业为重点，扩招专项招生专业按需开设护理（老年方向）、康复技术、药学、医学美容技术等社会需求大的专业，促进了养老、中医药产业的发展。黑龙江幼儿师范高等专科学校瞄准牡丹江市获批的国家级居家和社区基本养老服务提升行动项目等"一老一小"民生福祉发展工程，将智慧健康养老服务与管理、婴幼儿托育服务与管理、休闲体育等公共服务、健康管理类专业作为2021年高职扩招专业并实施人才培养。长沙民政职业技术学院坚持民政民生办学特色，面向现代服务业办学，有针对性地开设了面向五类人员的家政服务与管理、老年服务与管理、社会工作等社会急需的专业。

3. 专业设置依托现有优势专业资源，加强专业建设，学生、企业、学校需求的三方共赢

一是扩招专业均为本校优质专业。大部分学校选择区域产业发展急需、建设基础好、就业形势好的专业进行扩招，适当缩减与区域经济对接不紧密专业的招生人数，增加与产业紧密相关的专业人数。江西工程职业学院、江西水利职业学院依托骨干优势专业相关资源，遴选设置了就业前景良好的招生专业。湖北水利水电职业技术学院重点布局省级特色专业水利工程进行扩招，为水利行业转型升级提供技术技能人才支撑，打造具有水利特色的优质扩招专业品牌。武汉船舶职业技术学院扩招专业重点布局在国家"双高计划"专业群的专业，为实施质量型扩招打造坚实基础。唐山职业技术学院扩招专业中国家骨干专业2个，院级重点专业3个。兰州资源环境职业技术大学则用大手笔，设置的23个扩招专业中，工程测量技术、物联网应用技术等18个专业直接服务军民融合、先进制造等绿色生态产业，占比达78%以上；建筑消防技术、应急救援技术等5个专业培养应急产业发展急需的技术技能人才；依托宝玉石鉴定与加工技术专业，实施了"工匠学历提升行动专项计划"，助力甘肃省工艺美术协会20名工艺美术（行业）大师提升学历层次。同时，以促进高质量就业为导向，优选了应用气象技术、金属精密成型技术等5个中国特色高水平高职学校重点建设专业以及机电一体化技术、视觉传达设计和现代物流管理3个国家骨干专业作为扩招专业，确保人才培养质量，保证充分就业。

二是加强对专业设置、调整进行论证。对接区域主导产业链，加强同产业的深度融合，结合社会需求和专业招生、就业等情况定期对专业设置、调整进行论证，采用专业群＋项目的方式建设，淘汰不适应市场需要的专业、改造传统专业、设立复合型新专业、建立课程超市等方式优化专业设置。厦门南洋职业学院初步建立了主动适应区域产业结构调整和社会经济发展需要的专业动态调整机制。漳州理工职业学院面向市场建立专业动态调整机制及专业负面清单实施办法。辽宁医药职业学院聚焦本省健康产业发展需求，评估学校办学资源情况，分析扩招生源学情特点，将社会劳动力市场需求大、扩招学生易于掌握学习的专业确定为扩招专业并逐年完善。

三是扩招专业与产业深度对接，实现学生、企业、学校需求的三方共赢。保定电力职业技术学院为了进一步适应智能电网战略性新兴产业发展，对接电力产业高端，服务电力产业转型升级，结合扩招生源具体情况，积极探索教育教学改革，针对发电厂及电力系统等骨干专业，依据"专业设置与产业对接""课程内容与职业标准对接""教学过程与生产过程对接""学历证书与职业资格证书对接"要求，重新修订了专业人才培养方案，建设了省级专业群教学资源库。甘肃机电职业技术学院设置了机电一体化技术、微电子技术等11个"学校特色、产业急需"的重点扩招专业，确定了以现代学徒制为主的多元化培养模式；主动为企业和考生牵线搭桥，做好企业招收人才需求和考生就业需求的对接，做好学校培养和企业培养的对接，将学生提升学历的需求、企业对高素质技术技能人才的需求、学校扩大规模的需求统一起来，最终实现学生、企业、学校三方互惠多赢、共同发展的目的。

第二节　社会生源群体就业质量稳步提高

1. 促进社会生源技术技能水平提升

大部分高职院校开展了扩招生源工作背景调研，针对从事过的主要行业选定了个性化、专业化课程教学内容和教学策略，制订了差异化教学标准，同时针对未就业扩招学生，坚持理实结合、技能导向，尝试将学习与就业二者科学统筹兼顾，在学生自愿的基础上，积极推行"招生—招工—培养"一体化的现代学徒制人才培养模式，选择国内知名企业，引入企业课程和标准，校企双导师培养，突出职业技能训练，扎实促进社会生源技术技能水平提升。广东南方职业学院是江门市退役士兵服务站，为帮扶高职扩招退役士兵就业，学校拟通过线下培训的方式，开展职业培训，主要培训职业素养、职业生涯规划、职业技能、职业适应及职业心理等方面的内容。湖北生物科技职业学院为解决农村社会生源遇到的产品滞销问题，组织全班结合所学知识出谋划策，并有针对性地在课程中设置了微信、抖音、直播等新媒体营销的内容，指导学生在淘宝开设网店，专业教师和学生一起创建多个农产品品牌。重庆机电职业技术大学单独为扩招提供线上线下的双创指导和服务，依托上级主管部门的优质导师资源，建立首批校级导师团，导师主要由上级主管部门专家、高校导师、企业导师、院校导师组成，未来将纳入学校就业创业导师的统一管理和工作安排。三门峡职业技术学院对扩招学生实行分类管理，对于退役军人群体，加强职业规划指导，重点向消防、采矿等安全部门推荐就业；对于农民工和新型职业农民群体，强化苹果栽培、食用菌种植等技能培养，积极融入乡村振兴战略；对于下岗工人，重点开展电商、建筑装饰等职业技能证书培训，重点向合作企业推荐就业并给予创业帮扶；对于企业在职职工，着重智能制造、智能冶金等技能提升，适应产业转型升级需要。北京农业职业学院的78名首届高职扩招学员顺利毕业，其中52名同学依然工作在全科农技员等农村一线工作岗位，12名同学转到高一级工作领域，并涌现出许多优秀创业人才，例如北京兴庞海云种植专业合作社西瓜种植专家赵宁，北京首泰金源农业科技有限公司经理霍振亭，北京硕丰磊白山药产销专业合作社理事长薛新颖等。

2. 提供精准就业帮扶措施确保就业质量

各高职院校结合就业形势和生源类型特点，提供有针对性的就业指导和就业支持服务，强化职业生涯发展教育，帮助学生合理调整就业期望，找准职业定位，确保就业质量提升。

一是树立正确就业观。天津国土资源和房屋职业学院面向农民工、高素质农民等群体，培养其树立正确的择业观，养成扎根基层从事技术工作的职业发展观，推荐进入适合其职业发展的企业岗位实习，推进早就业。天津工业职业学院对就业困难的人员，给予个性化职业咨询、职业规划、建立帮扶台账。针对不同类别，进行分类指导帮扶。荆门职业学院还通过设置就业指导课程，将"就业育人"贯穿始终，利用课堂进行职业角色扮演，招聘会现场进行职业面试模拟，聘请企业专家进行专业技能授课和组织学生深入企业基地进行实习实训，与企业搭建输送人才的对接平台，综合提升扩招学生就业能力、就业水平。

二是加强就业帮扶。广东理工职业学院确立了"教学点专职班主任＋学校辅导员＋教学点负责人＋学校专业负责人＋学校二级学院党政领导"的就业指导支持服务模式。湖北水利水电职业技术学院重点关注农民工、失业人员群体就业推荐工作，"线上＋线下"齐发力，优化就业管理水平，将档案查询、各类毕业生用表下载等业务工作网上办理，简化就业手续，推送岗位信息，方便学生特别是弹性学制学生及时了解就业信息，扩大学生就业途径。广西农业职业技术大学采取"摸查登记、全面辅导、个性辅导、重点推荐"等措施进行帮扶，开展

"一生一策""一对一"帮扶工作，切实帮助残疾毕业生提高就业创业能力、掌握一技之长、顺利步入职场、实现人生价值。兰州石化职业技术大学多措并举采取"全情"帮扶，创建"三个一"重点群体就业帮扶新举措，精准识别，建立"一生一档案"；精准指导，形成"一生一办法"；精准施策，促进"一生一落实"。针对扩招毕业生就业困难类别，挖掘匹配适宜岗位，助力其顺利就业。成都东软学院通过职业测评，帮助退役军人在就业前快速职业定位、找到职业方向，协助退役军人做好职业规划。

三是扎实推进退役军人就业。退役军人是重要的人力资源，是建设中国特色社会主义的重要力量。促进他们就业创业、引导他们积极投身"大众创业、万众创新"实践，对于更好实现退役军人自身价值、助推经济社会发展、服务国防和军队建设具有重要意义。天津国土资源和房屋职业学院积极和当地退役军人管理部门配合，在提高退役军人学历水平的前提下，努力培养退役军人的技术技能水平，使其在未来平凡岗位亦能发挥军人的特点，服务地方经济发展。四川省泸州市退役军人事务局、泸州市人力资源和社会保障局共同主办2022泸州市首批高职扩招退役军人毕业生专场招聘会，采用"现场招聘＋直播带岗"的方式同步进行，面向全市首批高职扩招1 423名退役军人毕业生，提供就业岗位6 300余个。现场参加招聘的有55家大型国有企业或民营企业，提供招聘职位2 300余个，620余名退役军人毕业生在现场与招聘企业达成就业意向。直播带岗在线观看人数达98.6万人次，580余名退役军人在线报名求职。[①] 成都东软学院通过企业专场、线上直播，企业"云参观"等方式，帮助退役军人了解企业，获取就业信息；为退役军人开辟绿色通道，积极对接四川省退役军人就业创业公共信息平台、四川省各市州退役军人事务部门，组织退役军人参加各

---

① 来源：中华人民共和国退役军人事务部官方网站．四川泸州：首批高职扩招退役军人毕业生专场招聘会进高校．

级单位组织的就业活动，及时准确地传递就业信息；持续跟踪退役军人就业情况，协助学生做好与企业的沟通，协助学生解决劳务纠纷等问题。

3. 提供优质就业岗位和更好的就业机会

参与扩招的高职院校利用合作企业资源，通过多种方式积极联络用人单位，大力拓展就业市场，洽谈专项招聘合作，并向企业重点推荐高职扩招毕业生，给扩招毕业生提供更多更丰富的就业岗位选择，广西培贤国际职业学院结合高职扩招学生绝大多数为半工半读的实际情况，不定期在钉钉群、微信群发布就业信息，提供实习岗位，2021年9月联合属地平果市退役军人事务局专门为退役军人举行专场招聘会，共有20多家企业参加，提供100多个就业岗位。重庆电信职业学院遵循"产教融合、校企合作"办学理念，充分发挥"校企一体"办学机制优势，继续巩固保持和宜科（天津）电子有限公司、中国广电重庆公司等30余家企业的"深度校企合作"关系，在稳固原有就业资源基础上，通过多种途径，与中车资阳机车有限公司、重庆长安秦川实业有限公司等10家企业新签订校企合作框架协议，拓展高职扩招就业渠道。石家庄铁路职业技术学院截至2021年11月，各铁路局正式签约扩招2022届社会生源毕业生21人，其中北京铁路局签约13人（包含女生1人），济南铁路局签约5人，上海铁路局签约3人。

4. 平均就业率、对口就业率高，就业去向好

按照党中央、国务院"稳就业""保就业"决策部署，各参与扩招的高职院校多措并举做好扩招毕业生就业工作，千方百计促进更加充分更高质量的就业，优先支持高职扩招毕业生求职就业，支持毕业生创新创业带动就业。重庆城市职业学院大力宣传国家关于毕业生就业有关政策，鼓励未就业学生先就业再择业，目前2022届扩招毕业生就业率已达90%。佛山职业技术学院坚持因材施教，强化创新创业实践，2021年6月，295名高职专业学院各专业的毕业生已顺利就业，就业

率达到 98% 以上。广东理工职业学院在高职扩招专项工作中，现有 2021 届高职专业学院毕业生 335 名，截至 2021 年 8 月，毕业去向落实率为 97.20%，其中 321 人在广东就业，专业对口人数 214 人，占高职专业学院毕业生的 65.82%。

5. 获得更多企业内部等级晋升的机会

高职院校与企业、乡镇开展合作，实施高职扩招专项，学员通过在高职院校的学习，增强了产业工人的自信，为他们更好地服务本职工作及岗位晋升提供了通道，为提高他们的工资收入奠定了基础，合作企业技术工人、失地农民得到了内部等级晋升的机会，增强了社会人员参加高职扩招学习的获得感。江西机电职业技术学院合作企业捷和电机（江西）有限公司学员有 20 人获得企业内部技能等级晋升，晋级率达 77%，合作企业（江西）红板科技股份有限公司 6 人岗位调整为班组长。常州工业职业技术学院合作企业江苏苏博特新材料股份有限公司学员合格毕业后岗位工资提升一级并能够在班组长等竞聘上有优先推荐，合作企业常州星宇车灯股份有限公司学员毕业后可以获得公司调岗机会一次，合作企业江苏索力得新材料集团有限公司的学员毕业后每人获企业一次性奖金 1 万元并可以参与企业管理层竞聘。广州铁路职业技术学院 2019 年以来共录取广州铁路局、广州电力机车有限公司等轨道交通行业企业 194 名员工，涌现出一批学习优异，企业认可的优秀学员。2020—2021 年，共有 5 位学生在就读期间岗位得到了晋升，晋升为列车长或者副班长。宁夏民族职业技术学院与宁夏恒丰纺织科技股份有限公司开展的现代纺织技术专业校企双元协同共管班，企业不仅对职工给予学习补贴，还为他们打开了岗位晋升的通道，作为企业储备干部培养使用，使员工增强了对企业的认同感和责任感，对企业有了较深的感情，有在企业长期工作的意愿。

第三节　产业工人队伍职业素养与综合素质全面提升

1. 社会生源通过高职扩招实现了蜕变

一是企业生源成为部分高职院校扩招的主体，为打造高水平产业工人队伍储备良好基础，如山西药科职业学院校企成立"天宝集团班""昊坤集团班""恒跃集团班"，湖南大众传媒职业技术学院企业在岗人员占本校三年扩招人数近50%，贵州工业职业技术学院三年扩招中企业生源占比83.7%。

二是社会生源通过学历再提升和职业能力的拓展，就业竞争力得到增强，专业知识水平和综合素质得到企业的认可，就业发展的途径更宽。如宁夏民族职业技术学院以扩招为契机，把纺织企业原有职工纳入"先招工、后招生"学员培养范围，学校送教入企，对产业工人"提升再造"，3年来共为企业培养技术技能人才130多人。杭州职业技术学院汽车制造与装配技术专业学生刘恩，本身是新能源汽车整车制造企业"零跑汽车"班的一名班组长，在学习过程中他积极主动与汽制专业教师、企业指导工程师交流，优化工作方法，提高工作效率，学习班组管理经验；2021年升为电器返修技师，并担任班长职务，连续5个月被评为"A"级班组，经过车间推荐，公司评选，荣获2021年度"优秀新人"称号。武汉铁路职业技术学院系统设计"课程八化"教育教学模式，实现精准育人，95%以上的学生能完成自主学习任务，企业对扩招生技术能力和工作态度的评价高于统招生，扩招学生的"数字测图"课程成果直接服务于企业铁路建设项目，收益3.8万元。

三是企业生源学习目标明确，学习的主动意识较强，通过自己的超乎常人的努力，在工作岗位上实现了人生出彩，如常州机电职业技术学院顺丰（常州）班5名社招生荣获服务之星、恒立液压班8名社招生荣获技能能手、苏州永钢班11名社招生荣获优秀员工等荣誉；江苏电子信息职业学院招收鹏鼎控股有限公司的李仁英同学，通过课程项目化学习，实现重要工站自动运输和对接，提高了企业的生产效率，被提拔为生产支援科副科长；另外通过育训结合培养，有30多名退役军人进入世界500强电梯企业开展实习。

四是企业生源学习后，能够为企业创造更多价值。深圳职业技术学院以高职扩招项目与世界最大的印刷公司之一的当纳利集团（RR Donnelley）开展合作，通过校企学徒制培养形式提升企业技术人员创新能力，如2021年装订主管温世晏针对岗位工作提出了4个效率提升、2个品质提升和1个成本降低的金点子，为企业节省成本超12万元；印刷领班夏胜英改善生产流程，将工序速度效率提升10%，装订机长张奇缘通过课程学习，在生产过程中帮助机长改善着色和调色工序，有效减少色差问题产生。

2. 产教融合、校企融通，构建高质量人才培养和高质量就业创业"立交桥"

高职院校发挥企业重要办学主体作用，推进教育链、人才链和产业链、创新链有机衔接，校企在创新人才培养模式、开发课程体系、共建数字化教学平台等方面深度融合，建设产教深度融合的校企命运共同体，为提高产业一线技术技能人才综合职业能力提供便利。淄博职业学院联合北京新能源汽车股份有限公司、俏江南（北京）企业管理有限公司等行业领先企业建立鲁中新能源汽车产业学校、现代服务产业学校、应急管理学校等18个产业学校。启动"百名企业家、百名工匠（大师）进校园"行动，发挥工匠大师示范作用，助力青年成长为能工巧匠，与本地企业共建了7个校中厂、4个厂中校，与企业联合开设校企合作专业18个，创新高素质产业工人、一线劳动者培养方式。重庆工程职业技术学院实施校企共同育人的"现代学徒制"人才培养模式，与重庆能投渝新能源有限公司共同培养了企业200余名中层技术骨干和管理人才，提高了企业人才对行业发展作出的贡献。长春汽车工业高等专科学校针对合作企业铝加工汽车轻量化零部件生产制造的部分关键技术，组建了多个技术项目攻关团队，将对应岗位的扩招学生全部纳入了项目攻关团队当中进行岗位培养，指定了学校教师和企业工程师双导师共同指导学生参与项目工作，不仅为学生技术技能提升创造了条件，也为作为普通操作岗位员工的学生创造了职业发展的通道与空间。与企业人力资源部门进行沟通，对照企业技术技能人才培训计划和能力要求，为转岗学生定制化的培训课程模块，使学生在有限的学习时间内不仅获得人才培养方案规定学分，还额外强化了适应企业岗位工作需要的岗位技能。

3. 量身定制送教入企，精准培养在岗人员

高职院校创新工作方法，根据制造业企业生源工作时间较为固定的情况，量身定制送教入企，将课堂设在云端、开到企业，提升了相关人群的理论知识和职业技术技能水平，促进就业创业能力，提高产业工人队伍建设水平，助力现代产业体系构建、区域产业升级转型。广东省13个省直部门通力合作，协同华为、格力等大型企业，应行业企业需求设招生专班，最终帮助1.4万名农民、2.1万名基层幼儿园教师、2.1万名基层医疗卫生机构在岗职工、6.9万名退役军人提升学历和技能，让2.7万名学徒制合作企业在职员工实现素质升级。湖南化工职业技术学院创新了"一企一班 分类培养"教育教学管理范式。针对企业、园区、学校因地域跨度带来的在岗人员"上岗"和"上学"两者难兼顾的现实困难，采取一个企业（园区）建一个教学点、建一个班级的方式，校企共建分布7个市州的18个企业（园区）教学点，根据在岗人员个性化泛在学习需求，构建了"模块化、菜单式"课程体系；针对合作企业四类典型化工产品与工艺。"一企一班 分类培养"的教育教学管理有效解决了教学组织难实施的问题，满足在岗人员的多样化学习要求，开创了校、企、在岗人员多赢新格局。无锡商业职业技术学院电气自动化技术、机电一体化技术、汽车检测与维修技术等专业，

针对社招学生工作岗位需要、从事行业的特点、学生个人需求以及能力不同等情况，制订了个性化人才培养方案，实现了"一人一课表"人才培养模式。江西电力职业技术学院社招生中从事电力类专业工作岗位的人员981人，占比63%，结合生源背景以及学院行业办学优势，紧密契合社会需求，精心选择，开设了电力系统自动化技术、高压输配电线路施工运行与维护等5个特色专业，采用弹性学制（3～5年）和灵活多元的教学模式（集中授课+远程教学+分类实训），实施"旺工淡学"错峰分段教学，利用学生相对闲暇和双休日时间，安排集中教学、送教上门。利用远程网络，让学生可各自利用闲暇时间在家随时上线学习，较好地解决工学矛盾。

2019年《政府工作报告》明确提出"多管齐下稳定和扩大就业……今年大规模扩招100万人……我们要以现代职业教育的大改革大发展，加快培养国家发展急需的各类技术技能人才，让更多青年凭借一技之长实现人生价值，让三百六十行人才荟萃、繁星璀璨。"从这段话中不难看出，作为政策工具的高职扩招的直接服务对象是促进就业，本质上来说也都是为了更好地促进就业，但高职扩招作为一项重大战略决策部署，更长远的服务对象是"职业教育的大改革大发展"。

第三部分
创新发展：倒逼高职教育教学改革

"船到中流浪更急，人到半山路更陡。""招得来"只是第一步，"教得好"是关键，"下得去"是目的。虽然高职扩招更加聚焦社会需求，带有强大的经济、民生目的，但其本质仍是教育，归根结底还是要落到教书育人。高校的教育教学主要有两大块内容，一个是教学管理，另一个是学生管理，前者主导学生学习业务，后者主导学生思想、生活业务，两者相辅相成、协调发展、缺一不可。教育教学质量决定了人才培养的质量，是能否真正实现质量型扩招的关键所在。

自骨干校、示范校建设启动后，通过专项引领的方式，高等职业教育的工作重心聚焦于专业建设，已然迈入内涵发展阶段。然而不可否认的是，高职院校在教育教学工作中还存在理念不清晰、管理不规范、模式同质化的现象，人才培养质量参差不齐，虽然一定程度上是因为我国高等职业教育还存在着体系建设不够完善、制度标准不够健全、配套政策尚待完善等问题，但究其根本，还是作为办学主体的高职院校，在财政资金支撑情景下，缺乏责任意识、忧患意识所致。

高职扩招后，将有大量社会生源进入校园，有些来自企业生产一线、能力水平参差不齐，正在考验着高职院校的教学能力水平；学生的不同身份、跨区域、跨年龄段，正在考验着高职院校的管理水平。如果说以前对应届高中毕业生的教育教学管理是应付式的，那么生源多元化及其发展需求多样化将会对高职院校发出"灵魂拷问"，倒逼高职教育教学改革。

教育部印发的《教育部办公厅关于做好扩招后高职教育教学管理工作的指导意见》，明确提出"三个坚持"的基本要求，即"坚持标准不降、模式多元、学制灵活，坚持因材施教、按需施教，坚持宽进严出"，目标是保障质量型扩招。不论是落实国家政策要求，还是适应社会生源培养需要，高职院校都要加快深化"三教"改革，针对不同生源特点分类编制专业人才培养方案，因材施教，采取弹性学制和灵活多元教学模式，创新教学组织和考核评价，做好分类教育管理，从唯一标准导向多维标准，逐渐形成面向每个人、适合每个人、更加开放灵活的教育教学模式，提高人才培养的针对性、适应性和实效性。

第六章　高职扩招的教学管理

规范教学管理、强化教学秩序是实现质量型扩招的基本保证。教育部相继出台《高职扩招专项工作实施方案》《教育部办公厅关于做好扩招后高职教育教学管理工作的指导意见》等指导性文件，主动适应高职扩招后生源多元化、发展需求多样化对教育教学的新要求，针对退役军人、农民工、下岗工人、高素质农民、企业在职职工及应（往）届毕业生等不同生源群体，坚持标准不降、模式多元、学制灵活，坚持因材施教、按需施教，坚持宽进严出，确保"教好""学好""管好"，全面提高人才培养质量。

第一节　贯彻国家教学标准

1. 不断完善职业教育国家教学标准体系

"质量为王、标准先行"。标准化是质量提升的基础，没有标准就没有质量。在教育领域特别是职业教育领域尤为适用。教学标准体系是职业教育内涵发展的根本保障，是教育与产业深度融合发展的生动体现，是评价技术技能人才培养质量的重要依据，对于规范教学、提高教学质量、深化人才培养模式改革都具有重要的意义。高职扩招后，生源类型复杂、能力基础不一，不能因此而放宽要求，更应坚守标准不降，并根据新形势、新特点、新要求对教学标准及时优化完善。当然，不论扩招与否，这都是推动职业教育高质量发展要一以贯之的。

教育部也一直在努力，不断完善职业教育国家教学标准体系，将标准化建设作为统领职业教育发展的突破口，着力发挥标准在职业教育质量提升中的基础性作用，为当前及今后的教育教学质量和人才培养规格提供重要保障。

一是优化调整专业目录。专业建设是提升人才培养质量着力点，专业目录及专业简介是基础性教学指导文件，是职业教育国家教学标准体系和教师教材教法改革的龙头，是职业教育支撑服务经济社会发展的重要观测点。可见，及时更新的专业目录及专业简介，是提升人才培养质量的关键要素。《国家职业教育改革实施方案》要求专业目录五年一大修、每年动态更新，使人才培养更加贴近行业企业发展实际。教育部在2015年进行首次专业目录修订后，于2021年进行了第二次修订，发布《职业教育专业目录（2021年）》，通过新增、更名、合并、撤销等方式，专业总体调整幅度超过60%。此次专业目录的修订，是在新发展阶段背景下，主动对接"十四五"规划并面向2035年进行的前瞻性布局，充分考虑高职扩招背景下"长技能、好就业"的培养需求，对接现代产业体系，服务产业基础高级化、产业链现代化，以系统思维推进专业升级与数字化改造，增强职业教育适应性。作为专业目录更新的延伸，教育部于2022年接续发布了新版《职业教育专业简介》，覆盖中职、高职专科、高职本科全部1349个专业，全面展现职业教育各层次各类型专业基本信息，科学规范德智体美劳全面发展的高素质技术技能人才培养核心要素和环境要求。新版《职业教育专业简介》，深度匹配新技术和产业变革需要，深度对接职业岗位场景，突出职业岗位能力培养，强调全面贯彻质量、安全、绿色等现代产业理念要求，强化实习实训等实践性教学环节，推动技术技能人才供给侧结构性改革。

二是加强人才培养制度标准建设。除专业目录之外，教育部还先后了发布专业教学标准、公共基础课程标准、顶岗实习标准、专业实训教学条件建设标准（专业仪器设备装备规范）等在内的职业教育国家教学标准。其中，专业教学标准是专业建设的基本遵循，依据专业目录和专业简介制订，不仅提出体现行业企业最新技术技能水平和成熟岗位规范的主要教学内容和要求，同时也对职业院校学生思想政治素质、职业素养等方面的培养提出教育教学要求，全方面保障人才培养规格。2016年，教育部根据新版专业目录启动了《高等职业学校专业教学标准》的修（制）订，2019年公布了第一批347个高职专业教学标准，2020年完成了202个标准的制订与验收。[①] 同时，教育部也相继发布了51个职业院校专业实训教学条件建设标准（专业仪器设备装备规范）、136个职业学校专业（类）顶岗实习标准。标准决定质量，推进人才培养制度标准建设，将有利于高职扩招后的教学质量保障，对深化高职专业的内涵发展，实现我国高等职业教育教学质量的整体提升具有重要意义。

2. 不断推进人才培养制度标准落地实施

高职扩招专项行动启动实施后不久，教育部发布《教育部关于职业院校专业人才培养方案制订与实施工作的指导意见》，明确"坚持标准引领，确保科学规范"的基本原则，要求人才培养方案制订要以职业教育国家教学标准为基本遵循；同时进一步规范专业课程设置、合理学时安排。为推动地方落实好相关工作，教育部又下发了《关于组织做好职业院校专业人才培养方案制订与实施工作的通知》及配套文件《职业院校专业人才培养方案参考格式及有关说明》，提出人才培养方案的规范格式，明确要求建立抽查制度，各院校专业人才培养方案报省级教育行政部门备案，并向社会公开，接受监督。面对高职扩招生源，虽然鼓励灵活多元教学模式，但仍要坚守国家标准实施人才培养。2019年12月，在经过多次实地调研、专家座谈、广泛听取各方面意见的

---

① 江小明，李志宏，王国川. 基于教学标准体系建设的高职专业教学标准研究[J]. 中国职业技术教育，2021(2)：5-9.

基础上，教育部发布了《教育部办公厅关于做好扩招后高职教育教学管理工作的指导意见》，明确要分类制订人才培养方案，同时进一步强调学时安排，要求集中学习不得低于总学时的40%，确保学生真正掌握知识技能。

  据了解，各省级教育行政部门积极履责，结合区域实际进一步提出相关指导意见或具体要求，加强对承担高职扩招任务院校的指导，并强化监督检查，推动国家教学标准落地实施。如甘肃省教育厅印发《甘肃省教育厅关于高职扩招专业人才培养方案制订与实施工作的指导意见》，指导各高职院校结合扩招生源实际，分类制订专业人才培养方案、课程体系和学制要求。山西省教育厅于2020年、2021年分别下发《山西省教育厅关于做好扩招后高职院校教育教学管理 实现高质量人才培养的通知》《山西省教育厅关于进一步做好扩招学生教学管理工作的提醒函》，要求按照国家教学标准实施扩招人才培养，切实加强教育教学和日常管理，同时组织专家对全省高职扩招专业的人才培养方案逐一进行审核，提出修改意见并督促完善。各高职院校也主动承担育人职责，以国家教学标准为基本遵循，按照要求分类制订人才培养方案。如无锡商业职业技术学院针对社招学生工作岗位需要、从事行业的特点、学生个人需求以及能力不同等情况，制订个性化人才培养方案，初步实现了分层、分类教学，确保人才培养的针对性和有效性。

  当前，教育部已在官方网站建立了"国家职业教育教学标准体系"工作专栏，将系统化的教学标准以公文或出版物形式向社会免费共享，以便于各地各职业院校、社会各界更及时便捷地了解、查阅、使用系列标准。同时也在持续不断总结标准制订工作的经验，查找不足，完善顶层设计，健全动态调整和更新机制，进一步规范工作流程，深化标准研究，持续加大建设力度，不断提高教学标准研制水平。

第二节　打造多元培养模式

1. 系统开展学情分析

《教育部办公厅关于做好扩招后高职教育教学管理工作的指导意见》明确提出要对高职扩招生源开展学情分析，为做好人才培养工作提供依据。即使在扩招前高职院校的生源群体较为单一，但学生个体差异性是客观存在的，需要针对个体特点实施个性化培养；而扩招后生源群体的差异性将进一步扩大，他们拥有不同的从业经历、年龄阶段、发展愿景等，因此，要想做好高职扩招后的教育教学工作、确保教学质量，必须开展学情分析，了解扩招学生的"个人情况"和"学习需求"。各省级教育行政部门强化统筹指导，通过抽查调研、监督检查等方式，提出指导性意见，督促各院校开展学情分析，做好教育教学工作。安徽省教育厅对 2019 级高职扩招学生开展在线抽样问卷调查，共有 77 所院校共计 44 723 名高职扩招学生参与，根据调查情况形成了《2019 级高职扩招入学学生学情分析报告》，以及退役军人、农民工、下岗工人和高素质农民等 4 份学生学情专项报告，基于学情分析，从高职扩招政策优化、教学管理、学生管理服务、学习成果认定积累转换、"三全育人"改革、高职类型发展共 6 个方面提出了对策建议，为安徽省高职院校做好"四类人员"的教育教学工作提供数据支撑。陕西省教育厅强化管理，要求各院校须将扩招学生学情分析报告、扩招各专业课程表、高职学生教学组织基本情况报省教育厅备案，并在实施过程中加强督促指导。

作为教学实施主体，各高职院校积极开展学情分析，了解不同生源群体的特点和实际情况，摸底在求学方式上的差异诉求，并对教学组织、教学方式、管理方式等方面进行统一规划和安排。如宁夏民族职业技术学院通过学情分析发现，不同专业的生源群体特点各异：现代纺织技术专业学生主要以下岗工人、失地农民为主，年龄差距大，纺织实践经验丰富，但文化层次相对较低；电子商务专业主要以复转军人为主，年龄在22岁左右，文化层次一般都是高中层次，但信息应用能力较差；旅游管理专业以村级"两委干部"为主，中年人居多，管理经验丰富，但文化层次参差不齐；学前教育、护理两个专业主要以近两年毕业的中职学生为主，整体层次较高，迫切需要提升学历。针对这些情况，宁夏民族职业技术学院有针对性地在培养目标、课程设置、学时安排和考核方式等方面进行了优化，制订了科学合理的扩招人才培养方案。

还有院校与企业共同开展学情分析，结合学生特点和企业需求共同完善课程设置。如湖南汽车工程职业学院根据学情调研和岗位分析情况，针对多数学生只有1~2个汽车品牌的知识与技能积累，与大众、通用、北汽、沃尔沃、广本、福特、保时捷7个品牌车企合作，开通培训认证、服务接待、保险理赔、车身修复等14门特色拓展课程，供学生自主选修。部分院校针对特定生源群体，以学情分析为依据设计合适的培养模式。如海南职业技术学院根据退役军人学生年龄段分布广、区域分布散、在岗在职等特点，设计了半工半读、现代学徒制、旺工淡学、"2+1"等多种形式的人才培养模式，并在制订人才培养方案的同时制订课程教学方案，把退伍军人的教学安排落细到每一门课程上。

2. 现代学徒制

现代学徒制是教育部于2014年提出的一项旨在深化产教融合、校企合作，进一步完善校企合作育人机制，创新技术技能人才培养的模式探索。现代学徒制是我国充分借鉴欧美发达国家职业教育发展经验的成果，其中主要来源于德国的双元制。德国曾将其双元制职业教育模式称为战后德国经济崛起的"秘密武器"，其强大的人才培养功能和效率为世人瞩目，双元共育也因此成为很多国家经济发展和人力资源开发的重要战略。教育部结合我国教育制度实际，印发了《教育部关于开展现代学徒制试点工作的意见》，提出推进招生与招工一体化、深化工学结合人才培养模式改革、加强专兼结合师资队伍建设、形成与现代学徒制相适应的教学管理与运行机制四项试点内容，为职业教育深化校企合作、工学结合，推进人才培养模式创新指明了方向。现代学徒制架起了企业和学校联合培养人才的通道，有利于促进行业、企业参与职业教育人才培养全过程，推动职业教育体系和劳动就业体系互动发展，打通和拓宽技术技能人才培养和成长通道。

高职扩招后，生源类型更加多元，学生发展需求也更加多样，在其培养模式上出现了两难：一方面是高职院校的软硬件资源在短时间内难以满足规模的迅速扩张；另一方面社会生源有养家糊口的生计需要，同时他们的求学目标也更加明确，需要更加贴近企业生产一线，掌握前沿技术技能，谋求更好就业。各高职院校敏锐地发现和捕捉到培养需求，将高职扩招和现代学徒制进行有机结合，可以有效化解这种情形，满足各方需求，培养适用的人才。实际上，在教育部等六部门印发《高职扩招专项工作实施方案》后，教育部紧接着就发布了《教育部办公厅关于全面推进现代学徒制工作的通知》，已明确各地要引导行业、企业和学校积极开展学徒培养，改革人才培养模式，实施弹性学习时间和学分制管理，育训结合、工学交替、在岗培养，积极探索三天在企业、两天在学校的"3+2"培养模式。这与高职扩招的人才培养高度契合，各地也纷纷在现代学徒制培养模式上下功夫，深化校企协同育人。如广东省加强统筹，明确全省高职扩招专项行动重点开展"1个计划"和"1个试点"，分别是：面向退役军人、下岗工人、农民工、高素质农民、企业在岗职工、基层在岗人员、灵活就业人员等社会人员开展的"社会人员学历提升计划"；面向现代学徒制试点合作企业在岗职工开展的"现代学徒制试点"，组织院校坚持标准不降，因材施教，深化"校企精准对接、精准育人"模式改革。福建省结合本省特色现代学徒制技术技能人才培养模式——二元制[①],深入对接高职扩招,2019年录取企业员工超过2万人,着力工学结合,契合企业人力资源建设需要,促进校企双主体育人。

各高职院校也在不断总结现代学徒制实施以来的经验做法,结合高职扩招创新人才培养模式。如湖南汽车工程职业学院针对传统燃油汽车技术技能人才无法胜任电动汽车装调、销售和服务,结合高职扩招,首先改革招生制度,除面向高中阶段生源实施"招生招工一体化"的"双身份",还向在岗职工实施"先员工再学生"的"增身份",学校"北汽产业学院"2019年面向服务企业群招收企业在岗职工104人;同时优化培养方案,由"标准化"向"定制化"拓展,根据生源特点划分"学生无基础班""员工无基础班"和"员工有基础班"等三类,制订个性化人才培养方案进行分层分类教学,实现"一人一课表",适应不同群体的学习需求,提升人才培养的针对性和有效性。福建林业职业技术学院根据高职扩招生源特点,构建了"2358""二元制"人才培养模式:即建立"二元"管理,学校、企业;实施"三项"考核,学业成绩、企业岗位技能考核、双证书(毕业证、职业技能等级证书);构建"五化"教学,分别为课程教学项目化、实践教学任务化、实训教学生产化、技能训练标准化、顶岗实习岗位化;实现"八共建"机制,分别为共设人培方案、共构课程体系、共建课程教材、共管教学过程、共培双师团队、共育工匠人才、共研应用技术、共享资源成果。

3. 订单式培养

相比现代学徒制,订单培养的历史更加久远,可以说,现代学徒制是订单式培养的延伸。早在2005年,教育部、国家发展和改革委员会在《关于印发2005年各地普通高职(专科)招生计划的通知》中就提

---

① 二元制是福建省特有的企业在岗职工取得全日制大专文凭的政策,采用的是半工半读的形式,主要以线上学习为主。

出，各地要根据经济结构调整、制造业和现代服务业发展对高技能紧缺人才的需求情况，加大高等职业教育学科专业结构调整，进一步加强高职院校教师队伍和实验实训基地建设，积极改进教学内容和培养方式，强化与企业、行业的联系，开展"订单式"培养，大力推行学历证书和职业资格证书并重的培养模式。2022年中共中央办公厅、国务院办公厅印发的《关于加强新时代高技能人才队伍建设的意见》也延续了这一模式，提出创新高技能人才培养模式的任务，明确要深化产教融合、校企合作，开展订单式培养、套餐制培训，创新校企双制、校中厂、厂中校等方式。订单式培养，顾名思义就是企业根据自身用人需求及工作岗位能力要求向学校"下订单"，学校按订单要求，将企业相关标准、技能培训嵌入课程教学安排，校企共同制订培养计划并进行人才培养的模式。这一模式是打破校企隔断，深化校企合作的有效手段，被视为高职院校推行校企协同育人，实现共赢的有效模式，因此也一直延续至今，并逐渐发展为多种不同类型模式。订单式培养与现代学徒制一样，都注重强化校企协同育人，较为不同的是，前者没有企业员工身份，虽然一定程度上保障较弱，但从另一个角度来看，他们的操作程序较为便捷，主要以校企双方达成协议开展招生和培养，学生最后的去向也可选择同类岗位的其他企业，是一种相对灵活的培养模式。

高职扩招后生源结构呈现多元特点，每个个体的需求也各不相同，因此订单式培养也备受青睐，各高职院校也结合自身实际和生源特点，创新订单培养模式改革。如襄阳职业技术学院实行订单式扩招，与襄阳高新区和正大集团等龙头企业合作，打造校地订单培养的升级版，实行校企"教学、实习、就业"全过程融通，创新订单培养模式，实现由"实习式订单→就业式订单→全程参与育人式订单"的优化；创新教学资源建设模式，实现由"学校课程→企业课程→企业化课程"的迭代；创新实训基地建设模式，实现由"校中厂→厂中校→高水平产教融合人才培养基地或高水平国家级职业教育实训基地"的升级。部分学校与合作企业还面向特定群体，开展订单式培养，明确企业岗位及待遇等情况，解决生源群体的后顾之忧。如贵州建设职业技术学院，在省教育厅和退役军人事务厅的促成下，与贵州中鼎安全技术有限公司合作举办消防工程专业，面向退役军人开展订单培养，学生毕业后即可在该公司就业从事消防工程的施工、维护等工作。神木职业技术学院和陕西博爱恒业医药集团有限公司合作开设订单培养班，校企双方共同选拔企业优秀员工及社会待业人员进行培养，学院根据公司岗位人才的需求，动态开设"博爱班"的课程，充分利用企业现有的工作场地和设备，在学院教师的协助下对学生进行理论教学、实践技能训练和技能考核。

4. 定向培养

顾明远先生在《教育大辞典》中对定向培养这样定义："为特定地区、部门或单位招收和培养学生的制度。属国家任务计划招生的一部分。可实行在指定地区、部门或单位定向招生的办法。学生毕业后须按计划到指定地区、部门或单位工作。"虽然定向培养在新时代下被赋予了新的内涵，但仍具有明显特点，即学生毕业后定向前往某地区的基层事业单位从事专业化工作，或者进入部队等，体现的是校地融合。由于职业教育的基本办学模式是产教融合、校企合作，因此在扩招前，高职院校较少参与定向培养，参与的形式也较为单一，主要是服务军民融合，招收定向培养军士（原定向培养士官），为部队培养储备军士；较多参与的是短期职业技能培训，如开展农村职业经理人的培训等。高职扩招后，面向的社会生源群体逐步拓展，由开始的退役军人、农民工、下岗工人和高素质农民"四类"群体，而后又增加了基层在岗群体，推动高职院校不断深化校地融合，针对特定生源开展定向培养。

不同的教育方式方法解决了不同类型人才的培养问题，最终实现人有其才、人尽其才、人享其才。各地各校开始积极探索校地融合，结合区域实际，针对村"两委"干部、基层农技人员等群体开展定向培养，深化特定岗位人才培养模式改革，取得了显著成效，为高等职业教育发展整合更多资源，同时也契合生源实际需求，促进社会技能水平整体提升。如河源职业技术学院与河源市委组织部联合开展高职扩招现代学徒制村干部大专班，招收培养393名村干部；在实际培养过程中，结合实际确立了"缺什么、补什么，用什么、学什么"的教学理念，创新办学理念设计村干部大专班课程体系，实施粤港澳大湾区专题教学、农村突发事件处理案例教学、农民矛盾处理情景教学，增强教学内容的实用性。吉林水利电力职业学院建立吉林河湖长学院，围绕自身办学特色、发挥行业办学优势，重点针对基层河湖长和农民工学历与能力提升的迫切需求，面向基层水利工作者和河湖长，提高乡、村两级河湖长履职能力，2019年培养87名基层河湖长，探索河湖管理由培训教育向学历教育转型；同时，还与浙江水利水电学院合作共建河湖长学院，开发河湖长教学及培训教材，不断整合各类教学资源，提升培养质量。福建林业职业技术学院面向乡镇林业站、乡村林场、林业合作社、农业合作社等基层单位，定向培养522名"下得去、用得上、留得住"高素质技术技能人才；免费培养了1 241名适应现代林业生产方式的新型职业林农，免费培训林农3 620人次，为乡村培养了一批"技术能指导、生产能示范、致富能带头"的致富带头人；开展乡村基层人员培训15 210人次，下派106名科技特派员，创新或集成应用技术成果32项，以科技辐射带动乡村发展，农民致富。同时，还有高职院校加强对基层干部定向培养的保障，增强吸引力。如北京农业职业学院针对农村基层干部定向培养群体，开设农村经营管理（村务管理）专业，免收学费。

第三节 创新教学组织形式

1. 按照生源类别和发展需求灵活选择教学组织形式

扩招实施后，高职院校不断创新适应扩招的教学组织形式，突破传统教学组织形式和时空限制，按照不同生源群体制订不同的培养方案，提前做好分类教育管理工作，系统开展扩招生源学情分析，采取集中教学与分散教学相结合、校内教学与校外教学相结合、线上教学与线下教学相结合等方式，运用学校自主开发的教学平台和资源，实现教学组织形式多样化、特色化、高效化。

一是按照不同人群，实施多形式教学。高职院校充分考虑社会生源群体身份背景、时间情况和接受能力等因素，根据不同群体特点，采取多形式结合的学习形式。如山西华澳商贸职业学院针对 283 名应往届毕业生和部分有意愿的退役军人实行全日制授课，与统招学生一同报到、编班、上课；针对 251 名半工半读的退役军人实行线下集中面授和线上自主学习的授课模式，集中面授在校外教学点进行。线下集中授课时间为周末及假期，按正常教学年份，每学期有 4 个月的教学时间；每月集中两次授课，主要安排在周末；假期集中授课时间为 2 周共 12 天。四川建筑职业技术学院对"全日制"采用插班进入当年同一专业班级脱产学习的形式，超过 10 人即单独组班，对工学结合"双元制"采用"2+5+2"的 9 天制学习模式，即：两个周末双休日＋中间 5 天，9 天 10 学时学习共计不超过 90 学时，每次集中完成 1～2 门核心课程的学习或实践环节；前 5 学期，每学期最多返校 3 次集中学习，达到线下学习不低于总学时 40% 的要求，其余线上自主学习，第 6 学期为顶岗实习。同时，还有部分院校对人员相对集中的专业，利用校企双方的教育环境和教育资源，采取"自学＋集中辅导"方式送教入企，通过线上线下混合、企业实地实践教学相结合的教学模式，授课教学以专业技能类课程、实践操作类课程和顶岗实习等为主，让学生切实体验企业文化和工作环境。如武汉船舶职业技术学院结合企业调查研究，订制"校企双元学习"的教学模式，实行分段式育人机制。第一学年为集中住校面授的教学形式，授课课程以公共基础课、专业基础课为主，使学生们能够掌握专业所需的各项基本技能；后续学年采用现代学徒制的培养模式，实现学校与企业、实训与酒店、专业与产业、教师与主管、学生与员工、培养训练与终身教育"六个对接"。

二是按照不同时段，实施"旺工淡学"、错峰分段教学。高职院校基于生源不同身份、不同工作实践，合理利用学生相对闲暇和双休日时间，通过安排集中教学或者利用远程网络等多种形式，让学生可轻松享受不打折扣的教学效果，较好地解决工学矛盾。湖南民族职业学院创新"工学交替——节假日集中教学模式"和晚间走读教学模式。统筹利用日常教学时间和周末、寒暑假、晚间等开展多种形式的教学。按照"双休日、节假日集中授课，线上线下自主学习"的模式，单独编班，灵活采取教育教学方式进行多元化教学。恩施职业技术学院借助"一村多名大学生计划"，实行学时与农时相结合的教学安排，学生农闲到校上课，农忙在家生产、实习的模式组织教学。广东农工商职业技术学院作物生产技术专业按照农作物种植及生长发育的季节性规律，实施"田间现场教学""走读式"的教学形式，分段组织理论和实践教学。海南经贸职业技术学院与三亚亚特兰蒂斯酒店联合成立了"亚特兰蒂斯驻店教学班"，学生均为酒店员工，针对海南旅游季节特点实施"旺工淡学"，"旺"季以酒店实践为主，"淡"季以理论教学为主，实践性较强的课程全部由酒店教学团队分工指导，充分利用酒店职业经理人岗位培训、带训和指导优势。

2. 在企业和田间地头设点办班，送教上门

每个产业都有自身特点和规律，扩招院校主动出击，根据产业发展规律，按照不同空间，实施特色教学。

一是把课程搬进企业，在生产现场设立教学站，选派富有教学经验的优秀教师担任授课教师到教学站现场授课。如甘肃机电职业技术学院对"华天学院""长城电工学院""嘉通学院""奥迪学区""天合学区"等学生相对集中的地方，根据学生工作性质和特点，采取送教上门，为学生学习提供便利；陕西国防工业职业技术学院采取线下集中教学，积极探索开展学校和企业双向育人机制，先后建立美德豪华汽车、西安比亚迪等教学工作站，并多次组织教师利用周末、节假日等时间为扩招生送教上门；通辽职业学院结合扩招学生需要兼顾工作不能完全脱产学习的实际，把教学、学习场所建立在真实的生产服务场景中，如车间、酒店、工厂，真实的工作场景、真实的工作任务，将知识和实践有机对接、及时转化。

二是送教下乡（上门），培育乡村振兴人才，切实履行帮扶责任。一种是对本专业有基地、有公司的规模以上种植、养殖户、重点旅游村，安排专业老师到村、到基地、到田间地头为学生进行现场教学和生产指导。另一种是对于高素质农民、村两委委员、相对集中的在岗职工，做好送教下乡、送教上门，设立社区学区、企业学区，就近实施集中教学。如重庆城市管理职业学院2020年积极组织对口帮扶的云阳县泥溪镇的乡村振兴主力人才报名高职专项扩招，录取村干部、退伍军人、返乡青年、乡村致富带头人等24人；开设"乡村振兴班"，将教学场所设置在巫溪县内，方便巫溪县周边128名学生就近参加集中学习，减少学生往返时间。重庆三峡职业学院与地方政府、村委会、合作社等联合共建12所"田间学院"，破解了"三农"人才培养不适应、缺实践、难协同等难题。

3. 分类编班实施分层教学

各高职院校根据不同类型生源群体的知识、能力水平和潜力倾向，科学合理进行分类编班，并结合不同层次和特点，设置具有针对性的课程体系、设计符合学生实际情况的教学方式，帮助学生得到更好的发展和提高。在分类编班方面，河北科技工程职业技术大学（原邢台职业技术学院）对社招人员进行逐一摸底，建立了学生信息库，将有全日制学习意愿和学习条件，同时具有中职学力或高中学力的41名学员编入统招班级，与统招学生一起报到上课，半工半读学员则单独编班；宁夏民族职业技术学院与宁夏恒丰纺织科技股份有限公司共同培养现代纺织专业学生，根据岗位编班分组，授课时间与企业协商，确保理论教学和实践环节的系统性和完整性。在优化课程内容设置方面，高职院校以行业标准、企业岗位职责为依据，以企业真实案例为引导，重构专业教学内容，主要以实践过程和解决企业生产过程中的技术难题、关键问题为主，把理论讲授融入实践教学，避免单一的理论传授。如泉州轻工职业学院通过课程体系重构，推行"1+N"多师同堂（1：校内课程负责教师，N：行业大师、企业技师等），校内教师和行业企业师傅互补、理论教师和实践教师相结合新型课堂；湖北城市建设职业技术学院对接产业需求和企业用人需求，对各专业原有的专业课进行调整，更多地考虑到当地产业发展需要和扩招学生学情特点，校企共同开发，构建更能满足学生需求的"模块化课程"体系。

第四节　实行多元考核评价

1. 开展 1+X 证书制度试点

2019年4月，《教育部等四部门印发关于在院校实施"学历证书+若干职业技能等级证书"制度试点方案》，启动1+X证书制度试点工作。2019年5月，教育部等六部门印发《高职扩招专项工作实施方案》，对高职扩招工作作出具体安排。同步推进高职扩招与1+X证书制度试点，既是深化复合型技术技能人才培养培训模式和评价模式改革、提高人才培养质量、畅通技术技能人才成长通道、拓展就业创业本领的重要举措，也是把发展高等职业教育作为缓解当前就业压力、解决高技能人才短缺的战略之举，两者相互影响、相辅相成。自启动1+X证书制度试点以来，以社会化机制分四批遴选发布了300个培训评价组织的447个职业技能等级证书，涵盖了近20个行业领域，中国中车股份有限公司、中国航空工业集团有限公司、华为技术有限公司等一大批龙头企业积极参与，试点规模有序扩大。截至2021年9月，全国共有4 300多所院校参与试点，78.3万名考生参加考核，共设立近1.5万个考点，证书累计获得超过10 000家企业的认可，持证毕业生就业优势初显。

一是推动高职扩招教学改革成效明显。实施1+X证书制度的重要目的就是将生产一线的技术、知识、标准等第一时间引入校园，将职业技能培训引进并融入了职业院校教学体系，倒逼职业院校深化"三教"改革，使专业教学内容进一步灵活对接产业、对接市场，有效弥补了学校教育与市场脱节、职业院校标准滞后、教学陈旧、师资落伍、现有课程教学资源不足等问题。自开展试点以来，职业院校以试点为抓手，扎实推进教师、教材和教法改革，教学组织形式正在发生变化。一大批教师通过培训更新了教学理念，学习了新技术，掌握了真本事，更加贴近企业实际，成为"培训师"。试点院校结合X证书标准，优化教学组织实施，探索制订了一批具有特色的专业人才培养方案。取得X证书的一大批优秀学生，纷纷被优质企业提前"预定"。试点专业以证书考核为契机，普遍改善了教学、实训等办学条件。杭州职业技术学院打破以往传统专业课程体系构建规律，重新构建一种以"X"证书为导向的专业课程体系，并形成"证书导向、课程进阶、能力递进"的人才培养模式。用于"四类生"培养的专业课程体系是以国家汽车运用与维修职业技能等级"X"证书体系中的汽车动力与驱动系统综合分析技术、汽车转向悬挂与制动安全系统技术和汽车电子电气与空调舒适系统技术三个证书作为专业人才职业技能培养的目标证书，并以此三个证书模块的技术标准要求构建相对应的专业主要课程。

二是深化高职扩招评价模式改革。高职扩招生源中有很大一部分人拥有一定技术技能而没有经过学历教育，有一部分人具备一定的工作能力，但知识技能水平比较薄弱，而在1+X证书制度的支持下，职业学校教育与职业技能培训、职前教育和职后培训都被纳入同一个教育体系之中，正规学习与非正规学习、正式学习与非正式学习所获得的成果都被置于同一个评价体系之下，有助于平衡高职扩招生源教育背景、学习基础、工作经历不同所造成的考核评价差异性，为高职扩招提供考核评价依据。2019年12月，发布《教育部办公厅关于做好扩招后高职教育教学管理工作的指导意见》（教职成厅函〔2019〕20号），明确提出要探索学习成果认定、积累和转换，鼓励高职院校开展1+X证书制度试点，按规定兑换学分，免修相应课程或模块。广东工贸职业技术学院探索开展1+X证书制度试点，健全以证代考制度，探索实现职业技能等级证书与学历证书互通衔接，取得相应职业技能等级证书、职业资格证书和行业企业实践经历，经科学评估可记入本人学业学分，冲抵学时。

2. 改革学生学业考核评价方式方法

2020年，中共中央、国务院印发了《深化新时代教育评价改革总体方案》，明确指出要严格学业标准，完善过程性考核与结果性考核有机结合的学业考评制度，加强课堂参与和课堂纪律考查，引导学生树立良好学风。高职扩招的最终落脚点在于向各行各业输送高素质技术技能人才，政策实施效果取决于人才培养质量。学生学业考核评价是高职院校人才培养的重要环节，也是高职扩招教学管理的重要内容和必要环节。因此各高职院校在优化评价模式上下功夫，坚持宽进严出、严把毕业关口，针对不同生源、不同学习时间、不同学习方式，主动适应技术技能人才多样化培养要求，构建以学生职业能力和综合素质评价为重点的多元化学生学业考核评价体系。

一是学业考核评价主体多元化。党的十八大以来，职业教育全面深化产教融合，鼓励行业企业全面参与教育教学各个环节。对高职扩招学生学业的考核评价主体，也不仅仅局限在职业教育内部，还需要外部行业企业的参与，打破固有范围和层次，多维度、多角度对学生学业进行评价。如云南能源职业技术学院基于岗位技能标准，从反应、学习、行为、绩效四个层次，将学生自我评价、教师评价、企业师傅评价、企业评价相结合，兼顾技能和业绩考核，构建由学生、企业、学校和行业多方参与的评价体系。

二是学业考核评价方式多样化。要客观、全面地体现学生学业情况，就要通过多种多样的考核评价方式，结合考核评价的方式、方法、途径、程序，进行全方位的分析和评估。如海南经贸职业技术学院改革考核评价模式，可以采用笔试、口试、面试、开卷考试、达标测试、雇主鉴定、第三方评价、技能操作测试等；可以提交读书报告、创意报告、调研报告、职业规划、投资规划、案例分析报告、产品设计方案、实践改革方案等；可以组织统考，也可以分组考试、个别考试；可以现场考核、电话考核、网上考核、视频考核、异地委托考核等，各门课程可以由院系或学生选择其中的一种考核方式或两种以上考核方式的组合，凡是能测评出课程标准达成度的考核方式都可以探索。黑龙江生态工程职业学院的考核评价模式采取"七考核"，即考核过程、考核学习、考核思想、考核技能、考核素质、考核证书（特色）、考核质量（水平）。

三是学业考核评价内容多元化。学生学业考核评价，不仅仅是考核对专业知识的掌握，更要注重职业道德、技术技能和解决问题能力的培养，形成多元化的评价内容。如宁夏民族职业技术学院采用过程性与终结性相结合的评价方式，既要考核学生参加理论课程教学学时，掌握知识、技能的程度，更要把学生在完成模拟岗位、真实岗位任务项目中的质量以及实践过程中体现出的安全生产意识、团队合作精神、职业道德结合起来进行考核。

四是学业考核评价结果与过程相结合。学业考核评价，目的是客观反映教师教学和学生学习中存在的问题与不足，通过对教师教学和学生学习情况的评价和分析，最终达到改进教师教学方式方法和提升学生学习效果的目的。对学业考核评价，不应只采取一次性考核的方式，结合阶段性过程考核，更能精准把握学业情况。如海南职业技术学院通过创新课程考核方式，建立了学校、企业、学生协同配合，以过程性和日常学习考核为主的评价方式：首先是将平时学习、参加学习讨论、作业情况等纳入考核，加大技能考核权重；其次是针对扩招生、教学班的特点，选择或制订"平时+作业+期末""岗位评价+学业评价""实操+应知""职业认证+职业经历+岗位能力"等不同考核评价方式；再次是建立抽查制度，由教学质量评价中心将对各专业人才培养方案制订、公开、实施情况，特别是课堂教学、实习实训等进行定期检查评价。

五是优化评价反馈机制。构建多元化学生学业考核评价模式，要结合最终的评价结果进行完善和优化。学生学业考核评价的结果体现，要结合多方主体评价意见，及时反馈，吸纳改进。如武汉职业技术学院健全多元化考核评价体系，完善学生学习过程监测、评价与反馈机制，引导学生自我管理、主动学习，提高学习效率；苏州农业职业技术学院通过学生完成任务情况和问卷反馈等信息，了解学生对新知识的接受程度等，及时调整教学策略，为新知学习作准备。

第七章　高职扩招的学生管理

高职扩招后，大量退役军人、农民工、下岗工人、高素质农民等社会群体进入高职院校，他们的教育背景、学习习惯、学习方式、学习能力、学习需求等与应届高中毕业生相比存在较大差异，出现生源结构更加复杂、学生素质差异变大、学生学习地点分散等新状况与新问题。面对新形势、新要求、新挑战，高职院校与时俱进深化改革创新，通过实施学分制和弹性学制、强化多元共治、打造智慧学工平台，不断提升学生管理工作效能与服务水平，助推高等职业教育迈向更高台阶。

第一节　推行学分制和弹性学制

1. 具备良好的实施条件

1999年高校大扩招后，高职院校迎来了第一波规模发展，当时便有相当部分院校试点开展学分制和弹性学制，但最后几乎都走向了学年学分制和有限学分制。究其根本，在于当时还不具备实施完全学分制和弹性学制的条件，一味借鉴国外和普通本科高校的学分制发展经验，并将其生搬硬套到高等职业教育，这不仅限制了职业教育的进一步发展，也不能应对多变的职业教育环境。20余年后，特别是职业教育改革的不断深化和高职扩招带来的一系列变化，既提供了更为优厚的实施条件，也体现了更为迫切的需求。

一是职业教育改革发展的驱动。2019年元月,国务院出台了《国家职业教育改革实施方案》,首次以国家文件形式确立了职业教育作为一种教育类型的理念,为职业教育指明了改革发展道路。随后推行了1+X证书制度试点和职业教育国家"学分银行"试点,在学历证书(即"1")之外,补充职业技能等级证书(即"X"),将学生职业技能水平的评价由政府认定改为实行社会化等级认定,接受市场和社会认可与检验,弥补学校教育与市场对接不够紧密、内容陈旧等不足,增强学生就业创业本领;同时以学分银行为平台、学分为衔接点,架起学校与社会连接的桥梁,填补"放管服"后技能评价空白。政策供给为职业教育发展带来了资源的聚集与便利,激活了职业院校学分制和弹性学制改革的内生动力,给学分制和弹性学制改革提供了新的历史机遇。

二是生源多样化提出的多元需求。高职扩招生源不仅面向传统应届高中毕业生,更多还面向社会不同群体,一开始有退役军人、农民工、下岗工人、高素质农民等,后续又新增了企业在岗职工、基层农技人员和灵活就业人员,高等职业教育的生源群体由一元走向多元。其中,退役军人、农民工、下岗工人等各类社会生源群体是成人学习者群体,不仅担任着学生角色,还担任着父母等角色,是多种不同角色的"集合体"。他们在考虑学业问题之前,首先是要考虑生存问题和家庭问题,因此迫切需要更加灵活的学时安排、学年制度、学籍制度,需要一种开放化的管理制度。高职院校原有的管理制度主要是面向应届生源制定的,普遍沿用全日制统一管理模式,多以学年制或学年学分制为主,强调整齐划一地管理,与社会生源的实际情况以及人才分类培养的要求不相适应。只有学分制和弹性学制改革,以学生为学习的主体,才能满足生源多样化下的多元需求。[1]

---

[1] 孙凤敏. "扩招"背景下高职院校人才分类培养的挑战与应对[J]. 职教通讯,2021(4):46-53.

三是学生管理工作的发展趋势。从有限学分制、学年学分制到完全学分制，并非仅仅是学生管理模式的完善，其实质是从管理到服务的转变。完全学分制本身的教育管理功能，除了对学习成果进行记录与追溯，也能根据学生实际情况制订有针对性的培养方案，实现个性化培养的目的。这种个性化服务的学生教育管理制度恰好与扩招生源的多元诉求不谋而合，扩招生源知识结构差异大，有的实践丰富但缺乏理论知识，有的理论和实践知识都缺乏。对于社会生源群体，特别是半工半读的学生来说，完全学分制制定了弹性学制和线上线下相结合的学习方式，让学生可以在线上学习理论知识、线下学习技能，自主安排学习时间和学习方式，对诸如疫情防控期间等特殊情况下的学习安排也能应对自如。完全学分制具有强大的管理优势，实现了教育资源的优化配置，满足了办"适合的教育"的要求，也满足了多样化生源的多元诉求。

2. 推行改革的具体表现

在生源多样化的背景下，高职院校围绕学生管理而实施的学分制和弹性学制改革，主要表现在学籍、学制、选课等方面。

一是同等学籍。从教育部等六部门印发的《高职扩招专项工作实施方案》中可以看出，高职扩招录取的学生均为普通全日制学生，享受同等待遇。不论是应届生源还是往届社会生源，不论录取前是中职毕业生还是高中同等学力，学籍均为普通全日制高职生学籍，只要在校期间按规定完成相应学业，满足毕业条件者，即可获得普通高等学校专科毕业证书。如榆林职业技术学院按照"工学结合、半工半读"的多元教学和培养模式，对社会生源单独编班，其修读完成教育教学计划所规定的内容，成绩合格、达到毕业要求的，由学校颁发普通全日制专科毕业证书；学生达到最长修学年限尚未达到毕业要求的，按照学校相关规定，颁发肄业证或结业证。同时，只要是职业院校毕业生，在就业、参加机关事业单位招聘、职称评审、职级晋升等方面，便与普通高校全日制毕业生享受同等待遇。2021年10月，印发《人力资源和社会保障部关于职业院校毕业生参加事业单位公开招聘有关问题的通知》，以正式公文形式，明确要求事业单位公开招聘要树立正确的选人用人理念，破除唯名校、唯学历的用人导向，切实维护、保障职业院校毕业生参加事业单位公开招聘的合法权益和平等竞争机会。

二是灵活学制。通过鼓励创新创业、实施现代学徒制等新兴培养方式，高职院校从未停止在灵活学制方面的探索，主要是调整学制，根据专业情况由三年制更改为两年制；或者在学制内的不同学习时间，安排不同的学习形式，运用较多的是现代学徒制，有的安排前两年在校学习，第三年在企业当学徒。但是这些都是遵循传统的全日制三年或两年的培养方式，并未在"弹性"上下功夫。此次高职扩招提出"标准不降、模式多元、学制灵活"原则，就是充分考虑到学生的招生来源、年龄结构、学历层次、认知程度等实际情况，以及教学组织形式、资源利用方式的新变化，兼顾社会生源面临学习与工作、家庭关系之间的协调，明确实施弹性学习，既可视情况压缩学习时长，也可延长学习时间，实现灵活教育管理。对于学生而言，他们可以根据自身情况选择学习课程和学习时间；学校往往也配套提供了线上线下教学相结合、集中教学与分散教学相结合、校内与校外教学相结合的方式，打破时间和空间的限制，便于学生做好学习安排。[①]如天津市职业大学坚持"标准不降、因材施教"原则，主动适应学情差异化特征，学生根据实际情况灵活安排学习进度，在3～6年内达到培养要求、获得规定学分，即可毕业。海南经贸职业技术学院的学习弹性更加大，修业年限最短可压缩至2年，最长可延长至8年，在弹性学制内，学生可以视自身具体情况分阶段自主安排学习，完成专业人才培养方案既定的课程学时学分要求后方可毕业，保证毕业标准不降。重庆电子工

---

① 刘阳."三分三合"：高职扩招高质量培养之策[N].中国教育报，2020-12-29(9).

程职业学院面对多元生源带来的学生个体差异，探索实施绩效学分制，即以绩点学分①作为计算学生学习成效的方法，无论是针对传统生源还是扩招入学的社会生源群体，都可以较为清晰地反映出学生掌握知识的程度和学习的质量，促进在校人群"学点算点，尽量学精点"的学习理念的树立；同时辅以弹性学制，学生提前修满学分可提前毕业，若在规定的年限内难达到毕业要求，允许其按照规定延长，多举并施，以提升人才培养的质量，实现多元化发展。江西航空职业技术学院则在学制的置换上下功夫，对初中起点同等学力毕业生，设置基本学制5年，对于已取得或在学期间取得1项职业技能等级证书的学员，可以缩减1年学制，最高可缩减2年。

三是学分积累与转换机制。与传统生源群体相比，社会生源群体已经有一定的工作经历和培训经历，其中有相当部分人员已获得相关技能证书或者其他荣誉证书，可以体现其已具备相当知识技能水平，需要建立学分积累与转换的机制，才能使学分制和弹性学制成为可能。各高职院校针对生源群体出台了系列制度，将学生的已有工作经历、相关培训经历、技术技能水平，以及技能竞赛获奖、技术能手和劳动模范等荣誉称号证书，还有入学后获取的系列成果，均可以折算为一定的学分或免修相关课程或模块。同时，高职院校积极参与职业教育国家"学分银行"试点，让学习成果认定、积累和转换更加方便、快捷，实现学习成果的认证不受时间和空间限制，只要建立账号，上传学习成果，便可为学生的学历教育、继续教育乃至终身教育提供相应的学分认证。如武汉信息传播职业技术学院对扩招学生已有工作经历、相关培训经历、技术技能达到一定水平及在相关领域获得一定级别的奖项或荣誉称号的，经学校认定后可折算成相应学分或免修相应课程，并可调整有关教学内容或学时安排；将扩招学生的实际工作纳入实践

---

① 绩点学分＝课程成绩（百分制）× 该课程标准学分/100。

环节，折算成学历教育相应学分；学生获得相关技能证书或取得各类竞赛、科研等成果，可以折算为学分，计入学业成绩。江西水利职业学院对成果进行了分类，将扩招学生入学后获得的技能证书类、创新创业类、科学研究类、竞赛类和继续教育类五大类成果，按照一定规则折算为公共基础课和专业课对应课程的学分，冲抵成果对应教学内容的教学学时数。陕西工商职业学院则明晰了成果清单，将学习成果类别分为计算机等级证书、退伍军人证、在岗职工相关有效证明等7种，对应的成果形式分为"工商行政管理部门颁发的企业法人证书或其他有效证件"共15种，可转换的课程共有9门，同时规定"思政类课程不允许转换"。海南工商职业学院针对不同群体设置不同规则，对招录的退役军人，可免修体育课及"两课"课程、军训、社会实践，其入伍经历可作为毕业实习经历。辽宁现代服务职业技术学院将学生成长经历列入学分置换项目，如学生创业经历、参加国家重大活动、抗洪抢险、抵抗非典新冠等内容列入学分制置换项目；结合1+X证书和职业资格，将学生所获取的职业证书与课程融合，根据证书内容可以置换专业技能课的学分。湖南铁路科技职业技术学院对学生在企业生产技术攻关、技术革新、TQC改进、创业项目设计等方面取得的成绩、成果、专利均可经测算后认定学分。

　　四是自主选课。根据社会生源群体的特点和学制，其选课方式将更为灵活。学校在原有课程上，应针对不同类型的扩招学生进行课程的分类改革，满足不同专业和生源的学生对课程的需求。扩招学生可按照专业人才培养方案对下一学期的修学课程进行选课，取得学习成果后折算为相应学分。选课制还能同时对课程时间、地点、形式以及教师进行选择，真正满足学生个性化需要。如成都航空职业技术学院基于学情分析，分类拓展人才培养路径，创新多元人才培养模式，面对不同层次、特长、基础的学生，制订了至少三条不同的人才培养路径供学生选择，即：强调技能培育的传统授课体系人才培养、生产实践性的校企合作人才培养、项目驱动式的学徒制人才培养。以无人机应用技术专业为例，针对就业需求明确的学生，开展生产实践性的校企合作人才培养，与行业龙头企业在无人机飞手，地面站操作员，无人机组装、维护、维修等岗位通过校企联合开展现代学徒制培养等"双主体"育人模式，达成学生与就业岗位"零距离"的职业能力培养目标；以1+X证书、无人机职业资格证书、执照等取证为抓手，探索"课证照融通"人才培养模式；以"科创赛教"等为牵引，针对学有余力，但因工作或个人原因参加统一授课时间不稳定的学生，开展项目驱动式人才培养，以学生自愿报名加成绩筛选的方式，以学生个人或团队的形式加入学科竞赛项目创新创业项目、教师科研项目或学院内（校内）实验室项目当中，学生以技能竞赛、双创项目孵化、实验室建设、科研项目成果的形式完成学业。河北机电职业技术学院推行"一人多课"和"一课多人"，不断丰富教学资源，建立"双选机制"，学生可以自主选择上课时段和授课教师，帮助实现个性化成长和全面发展。湖北城市建设职业技术学院在专业课的设计中采取了弹性课程体系，为学生开设了15门专业课程，分别提供了以公共基础课、文化艺术课、专业核心课、专业拓展课、个性发展课、创新创业课为大类的弹性课程体系；学生入校后，根据自己的学习意愿、职业发展等要求，在各个课程大类中根据职业规划、自身情况选择学习课程。

五是导师制。在现有辅导员、班主任制度的基础上，再建立学业导师制，让扩招学生从入学到毕业的学习和生活，都有专门的教师进行辅导和规划，帮助不同生源群体树立合理的知识结构、技能结构和正确的价值观、职业观，有效提高学生的学习效果和实践能力，同时帮助他们合理调整就业预期，找准职业定位，促进有效就业创业。特别是在完全学分制下采用全新的政策，加上学情的复杂化，学生的学业规划更需要专业学业导师的帮助，对学生进行个性化培养，开展因材施教。如武汉船舶职业技术学院实施"双班主任+双导师"制度。在每个班配备学生常规管理的班主任的基础上，遴选资深的专业教师作为专业教学的班主任，常规管理的班主任主要负责落实学校的各项规章制度，专业教学的班主任负责学生成绩、职业生涯发展等；遴选教学经验丰富的专任教师作为校内导师，负责专业相关课程的教学，同时选聘一批企业管理或技术方面的专家作为校外导师，参与实践教学指导工作。吉林水利电力职业学院加大企业技术能手引进力度，实施"双百工程"计划，与吉林省水利水电工程局、省地方水电集团等100家行业单位签订院企合作协议，并从其中聘请200名专家能手作为学生的技能导师。海南经贸职业技术学院以项目为支撑，加强保障，设立100万元专项资金聘请校外创业导师指导和孵化学生创业项目、开展创新创业活动及课程建设。河北女子职业技术学院根据学生特点和实际情况为学生配备德育导师、生活导师、专业导师、职场导师4个维度的指导教师，由导师们对学生的生活、学习、做人、就业或创业等方面进行三年的系统引导和指导，确保扩招生与全日制在校生信息同步、管理同步、服务同步。黑龙江生态工程职业学院创新实施"专业导师管理模式"，做到"五管"，即管思想、管学习、管日常、管实践、管考核，负责扩招人才培养全过程、全方位管理。成都航空职业技术学院实施"双导师"学生管理，一方面选拔优秀辅导员为班级政治辅导员，负责学生思想政治教育、日常事务管理与学生发展相关事务指导，一方面选拔优秀专业教师为各班级专业导师，负责学生在专业学习、实践指导、科学研究、创新创业等方面的教育引导。两者通力配合，全面提高人才培养质量，培养符合产业发展需要的高素质技术技能人才。

3. 提供实施的有效保障

实施学分制和弹性学制，涉及学工、教学、人事、后勤、财务等多个方面，需要进一步加强统筹协调。各高职院校积极推动制度和平台建设，建立健全与学分制、弹性学制相适应的联动机制，为其顺利实施提供坚强保障。

在制度建设方面，多数学校出台了学分认定与置换的管理办法，明确学分积累、认定的具体条件与程序，实现学生学分的保存及延续性功能。如石家庄铁路职业技术学院制订《学分认定与置换管理办法》，将学分管理分为公共考试、职业资格认证、技能竞赛、文体竞赛、社会荣誉、社会实践、志愿服务、读书活动、创新创业活动9个模块，从不同方面为扩招生提供学分认定和置换的机会与条件；徐州工业职业技术学院针对社会生源，专门制订了与其岗位工作对应的《社招生实践技能课程学分认定办法》，明确企业经历、技能比武或技术革新获奖等可申请免修或进行学分认定及成绩转换；湖北工业职业技术学院出台了《弹性学分制管理办法》和《学分制实施方案》等相关配套文件，明确学生已有工作经历、相关培训经历、技术技能水平、获奖荣誉等的学分折算比例和课程免修条件。

在平台建设方面，高职院校积极对接职业教育国家学分银行，对学历证书和职业技能等级证书所体现的学习成果进行登记和存储，计入个人学习账号，为各类生源的学习成果认定、积累和转换提供便利。如重庆电子工程职业学院对接国家学分银行搭建"重电学分管理平台"，针对退役军人、农民工、下岗工人、高素质农民等群体的职业技能培训，制订不同领域教育的培训标准、学分认定办法、工作规范和程序，为学历教育和非学历教育打通对接窗口；威海海洋职业学院依托学工系统、教务系统等建立了多元监控评价体系，依据系统平台数据进行分析与预警，对于企业职工身份的学生，还对接该企业职工考核系统，实现学生在学校和企业培养过程的监控、预警、评价与反馈。

此外，部分院校组建联盟，整合多方优质资源，实现联盟内院校学分互认，为学生个性化成长提供灵活的制度环境。如宁夏职业技术学院、银川科技学院（原中国矿业大学银川学院）、宁夏民族职业技术学院、相关政府部门、行业企业共同组建了学分银行高职扩招试点联盟，建立联盟内标准共建、资源共享、学分互认的运行机制和模式,并逐步向所有扩招院校示范推广。

第二节　从一元管理走向多元共治

1. 传统的一元管理模式面临挑战

受人口、资源等因素影响,我国教育一直实行标准化的集中学习式教育,学生从小学到大学,几乎都是一起入学、一起学习、一起毕业、一起就业。随着高职扩招的实施,将打破原有单一生源群体的稳定状态,高职院校生源主体从传统的以应届高中毕业生为主延展至社会生源群体,更多的退役军人、农民工、下岗工人、高素质农民等群体,将成为生源的重要组成部分。生源的构成变得多元,不同生源之间由于社会经历各异、家庭背景不同、学习能力参差不齐,在成长经历、社会角色等多方面与传统生源存在差异,他们的年龄跨度也相对较大,差异性也从群体细化至个体,个人需求和就读情况变得更加多元,除接受全日制在校学习外,还有弹性学制、"以培训代学分""半工半读""旺工淡学""工学交替"等培养方式,增加了学生管理的复杂性。同时也不可避免将有一部分学生带着"不想学习,只想拿毕业证"的思想倾向进入校园,我们传统的学生管理模式,难以有效应对不同学生各不相同的生涯发展需求。生源结构的变化,对高职院校的管理能力、协调机制,以及快速研究和解决问题的能力提出了新的挑战。

2. 探索多元共治的意义

抓住新时代职业教育改革发展的新要求,对高职院校内部治理体系进行现代化重构,是实现高等职业教育内涵式发展的有效途径。学校必须坚持"坚持以人民为中心""办好人民满意的教育"的基本原则,推动内部治理理念回归人本和公共性。在扩招背景下,生源结构变得复杂多样,学校更加需要寻求内部治理的改革与转型,契合高校治理的逻辑与规律，走向多元共治。

　　一方面，有利于推进"三全育人"综合改革。《中共中央 国务院关于加强和改进新形势下高校思想政治工作的意见》将"坚持全员全过程全方位育人"作为加强和改进高校思想政治工作的五项基本原则之一。党的十九届四中全会提出，"改进学校思想政治教育，建立全员、全程、全方位育人体制机制"，将"三全育人"体制机制建设作为坚持和完善中国特色社会主义制度、推进国家治理体系和治理能力现代化的一项重大任务提出。构建"三全育人"体制机制是人的发展的全面性、整体性和立德树人工作的系统性、复杂性的内在要求，但现实中离"三全育人"理想状态还有较大差距。"三全育人"综合改革是一项涉及高校各要素、各环节、各领域的复杂系统工程，高职院校在学生管理工作中，从一元管理向多元共治转型，正是对"三全育人"理念的探索与实践。

　　另一方面，有助于回应学生思想政治工作中的现实问题。高职院校学生思想政治工作在朝着专业化、精细化方向发展的同时，也形成了思想政治工作"碎片化"现象：其一，学工、教务、科研、人事、后勤等部门由于工作重心不同，在开展思想政治工作时存在部门本位主义，既不愿别的部门"掺和自己的事"，也不想"种别人的田"，导致各个"育人板块"相对分离，存在各自为政、协调困难的情形；其二，思想政治理论课教师、辅导员、党政干部、管理服务人员等各部分育人主体由于岗位职责、工作领域不同，在教学、管理和服务工作中囿于职责边界，一定程度上窄化、弱化了思想政治工作的任务要求，"重智育、轻德育""重技术轻思想政治工作"等现象仍未得到根本性改变；其三，思想政治理论课与其他课程、思想政治理论课与日常思想政治教育工作缺乏联动，没有真正做到同向同行，存在脱节的情况。高校思想政治工作"碎片化"容易导致不同部门、人员、环节的相互推诿、冲突和内耗，制约了思想政治工作质量的整体提升，撕裂了育人工作的整体性，不利于促进教育对象的全面发展。多元共治中的整体性治理、协同治理的思维，正是对解决高校思想政治工作"碎片化"现象的有益探索。

3. 高职多元共治的思考

"治理"与"管理"的首要区别体现在主体上，治理强调多元主体协同参与。高等职业教育的"跨界"特征决定了办学不仅仅局限于学校内部，必须要吸纳行业、企业、社会、政府等其他主体积极参与。高职院校在1999年高校扩招时便迎来了大规模发展，教育部和原国家计划委员会于当年联合下发了《试行按新的管理模式和运行机制举办高等职业技术教育的实施意见》，赋予高职院校更多自主权，职业院校管理模式开始由"管理"向"治理"转变。紧接着，国家实施了示范校、骨干校，职业院校管理水平提升三年行动计划等系列专项，赋予了多元主体参与高等职业教育治理的合法地位。2019年颁布的《国家职业教育改革实施方案》，明确了职业教育的类型地位，呼吁高职院校走向"治理共同体"。

高职院校培养适应经济社会发展需要的技术技能人才，与政府、行业企业等产生一些交集，需要通过内外部统筹协调，以共同治理的行为来实现人才供给与需求的利益协调。随着高职扩招的实施，生源群体呈现多样化，学生管理主体也呈现多元化。高职学生团体在整个"治理共同体"系统中，既是享受服务供给的客体，同时也是提供服务供给的主体。[1]高校学生管理的治理主体本身也是一个全员的范畴，不仅包括思想政治理论课教师和辅导员这两支一线专职工作力量，还包括其他课程教师、学校党政干部和共青团干部、管理辅助人员，同时还应积极吸纳学生家庭、社会（如用人单位、校友、专家学者）等方面的力量，充分调动各方面人员共同参与到学生管理工作中。因此需

---

[1] 苏志刚.治理共同体：类型教育背景下高职教育治理结构的创新探索[J].中国职业技术教育，2020(7)：61-65.

要高职院校创新理念，通过治理优化将不同治理主体的要求、力量和利益渗透到学校学生管理的各个环节中，并根据学生的特点进行有针对性的治理，从而更好地发挥各治理主体在人才培养活动中的作用，同时更好地满足各治理主体的需要。当然，多元共治的实现不仅具体体现在学生管理过程中，而且更应体现在学校各个层面的治理结构与制度设计之中。

4. 多元共治的实践探索

治理是一种围绕目标、识别治理系统中各主体的关联性的系统思维，需要顶层设计与基层创新相结合，在顶层设计方面，贯彻落实国家法律法规和中央文件精神，体现高等职业教育规律；在基层创新方面，对已有办学经验进行总结提炼，并在实践过程中不断摸索创新。

一是强化党的统一领导。在学生管理主体更加多元、工作更为复杂的形势下，更需要强化党的"元治理"重要角色，发挥党委总揽全局、协调各方的作用，形成学校党委统一领导，宣传、学工等主责部门牵头，党政齐抓共管，专兼职队伍相结合、全校紧密配合的多元主体协同综合治理领导体制和工作机制，切实把党对高校思想政治工作的领导落实到办学治校各领域、各方面、各环节。压实各级党组织的主体责任，形成纵向一体贯通的领导体系，实现党对思想政治工作的领导向纵深发展、向基层延伸、向一线落实。如江西电力职业技术学院建立党团联动、校企联动、师徒联动机制，考虑高职扩招学生退伍军人、党员居多，开展党建带团建、班团一体化建设，实施党员积分制，纳入学生日常行为考核；汉中职业技术学院建立了由院党政负责人亲自主抓，分管副院长具体负责，部门负责人组织落实的领导机制，组成了一支由学工部工作人员，二级学院学管办工作人员，辅导员和班主任构成的强有力的学生管理队伍，建立健全高职扩招班班主任和学生干部的推荐、任用和考核制度，并通过定期组织辅导员、班主任开展培训和经验交流活动，细致入微地开展学生日常管理工作。

二是建立健全制度机制。治理体系和治理能力是制度及其执行能力的集中体现，国家针对高校思想政治工作加强制度、规则、机制建设，出台了《普通高等学校辅导员队伍建设规定》《新时代高等学校思想政治理论课教师队伍建设规定》《高等学校课程思政建设指导纲要》等相关制度文件，对学生思想政治工作、学生管理作出明确要求。高职院校在国家方向引导下进行改革的同时，也在结合自身特色探索国家层面尚未出台意见的相关领域，如何挖掘文化育人体系中的育人要素，摸索两支专职队伍以外的队伍育人职责。同时，尝试评价制度建设，把思想政治工作质量评价作为推动工作和指导实践的长效工作，通过评价来总结经验、发现不足、查漏补缺、促进发展。如沈阳北软信息职业技术学院建立扩招生助教、助导工作机制，通过优秀在校生联系扩招生，针对上课、考试、活动等存在的问题进行精准解答，录制解答及分解步骤视频，重要问题依次电话沟通并做好处理。西安航空职业技术学院校企共同成立扩招学生校企管理小组，共同制订和完善企业校区学生管理条例、学业考核办法、教师工作制度等，为严格扩招学生管理奠定基础；选派航空材料精密成型技术专业骨干教师作为"宏远锻造"订单班班主任，专门负责学校与企业有关部门的沟通协调，很好地解决了企业学员学习上存在的问题和困难。

三是发挥多方协同效应。高职院校统筹系统内外各领域、各环节、各方面的资源和力量，发挥育人整体功能，形成网络型多元治理模式。首先是统筹党建工作和思想政治工作，抓好高校党建各项任务，切实把全面从严治党各项要求落实到高校党建工作中去。其次是实现校内部门之间的协同联动，增进职能部门间的沟通协作，实现不同育人环节、育人渠道之间的有序衔接。再次是加强队伍间的协同互动，推动思想政治理论课教师与其他课程教师、任课教师与辅导员、辅导员与机关党政干部及后勤人员、机关党政干部与任课教师等不同队伍之间的常态化交流互动，实现不同育人主体在不同育人环节上的无缝衔接、在不同工作领域中的紧密对接。然后是加强育人载体间的协同互动，推动思想政治工作体系与人才培养体系的融会贯通，将思想政治工作体系贯通学科体系、教学体系、教材体系、管理体系；推动思政课程与课程思政同向同行、思政课程与日常思政协同配合、网络思政与网下思政有效联动。最后是加强校内外的协同联动，统筹协调学校、家庭和社会的育人资源，构建家校联动、校地联动的齐抓共管、协同配合机制。如海南科技职业大学将扩招生源分类培养作为"一把手"工程，明确学校教务处、学工处等部门和学院的培养管理责任，设立专门工作小组，进行全方位、多层次的指导和评价，形成了统筹有力、职责明确、分工协作的培养管理局面；浙江纺织服装职业技术学院创新"专业学院＋产业学院"扩招生服务体系，在班级管理上，学校继续教育学院与圣山集团各自安排人员担任了校方和企业方的班主任，分别负责校方、企业方对学生报名、缴费、资料领取、学习、考试等各项具体工作，以及校企双方的日常沟通、协调事务；江苏工程职业技术学院实行"双任务、双班主任"的延伸学生管理机制，即根据社招学生人才培养方案、生源特点等因素，实施学生管理和课堂教学延伸到企业的管理形式；广东茂名农林科技职业学院配备"辅导员＋班主任＋专业导师＋学习助手"四层管理服务队伍进行精细化管理，同时健全考核评价体系，以学生职业发展需求为重点，实行多元评价，过程考核与考试评价相结合，注重高职扩招学生的特色，加强日常绩效考核，对学生的综合素质进行全面衡量；河源职业技术学院与当地相关部门联合实施村干部学历提升工程，创新管理理念，树立管村干部一辈子理念，在校时做好管理与服务工作，毕业后通过各种方式认真做好后续跟踪服务工作，使村干部学员具有非常强的归属感，同时组建专门的管理团队对村干部班进行全方位的管理，管理团队由河源市委组织部副部长任辅导员，河源职业技术学院继续教育学院院长任总班主任，河源市委组织部组织一科科长、河职院继续教育学院其他班子成员任副总班主任，各县（区）委组织部组织组长任分班班主任，专门对村干部班进行全方位的管理和服务。

四是构筑发展动力系统。推进高校学生工作治理现代化，要求改变主要依靠上级指令、行政命令、政策要求、文件通知等自上而下的传统工作方式，通过加强动力机制建设，有效释放、充分激活各类主体活力，形成全员全程全方位育人格局。从激发内生动力方面来说，主要是通过激活高校教师和学生的主体意识以唤醒高校思想政治工作改革创新的深层力量；从强化外源性动力来说，将思想政治工作纳入"双高计划"建设评比指标，实行基层党组织书记抓党建和思想政治工作述职评议考核制度，梳理和规范高校教职工开展思想政治工作的职责，建立责任清单，持续释放高校思想政治工作体系创新的强劲动力。如陕西交通职业技术学院建立了分管校领导统筹协调、学工部督查指导、二级学院具体落实和扩招学生自我管理的四级管理体制，形成了涵盖职能处室、二级学院、辅导员、班主任和学生骨干的管理工作格局；湖北黄冈应急管理职业技术学院为科学有效评价扩招班级辅导员工作态度、工作能力和工作成绩，出台了《高职扩招班级辅导员工作标准及考核办法》，全面考核德、能、勤、廉，注重考核工作实绩，其考核结果与绩效工资挂钩，以鼓励先进、鞭策后进；甘肃警察职业学院针对退役军人政治素质过硬，作风纪律严明的特点，在日常管理中注重引导和使用，支持鼓励退役军人学生选推"老班长"、党员、立功受奖人员担任区队学生干部，开展自我管理、自我教育、自我监督，并通过在"国旗护卫队"中选拔任用退役军人学生、在新生警务技能训练期间，选派政治素质可靠、军事技能突出的退役军人学生担任教官以及打造"内务示范间"等形式进一步增强退役军人的荣誉感和突出学院警务化管理。

第三节　打造数据融合智慧学工平台

1. 打造数据融合智慧学工平台是大势所趋

首先，智慧学工是教育现代化的必然要求。我们知道，教育现代化是教育发展的重要战略目标，随着信息技术的飞速发展和《教育信息化 2.0 行动计划》等一系列政策的发布，将信息化与高校管理相结合成为大势所趋，教育信息化成为高等教育现代化的重要组成内容。学生管理又是教育管理的重要组成部分，"智慧学工"的概念也应运而生，智慧学工水平的高低直接影响教育信息化的水平，也将影响教育现代化的发展。学生管理信息化就是要通过信息化技术改造传统的线下管理方式，深度融合信息技术与学生管理业务，助推学生管理模式的变革，进而推动教育现代化的发展。随着高职院校的不断扩招，生源结构趋于多元，加快学生工作信息化平台建设对培养德智体美劳全面发展的社会主义建设者和接班人具有重要意义，有利于推进学生综合评价改革，有助于提高教育质量，能够有效地促进教育公平和治理能力现代化建设。

其次，智慧学工是高职院校提高育人质量的现实需要。近年来，高职院校内部质量保证体系诊断与改进工作不断深入，以诊改理念为抓手，全面落实立德树人根本任务，推进学校内涵建设，构建"三全育人"工作新格局，促进学生全面发展。在"扩招百万"的背景下，推进学生工作信息化平台建设，一方面可以为学校的管理带来变革，梳理管理制度，厘清工作职责，优化办事流程，提高服务效率，给教师留出时间潜心研究育人方式方法；另一方面可以为学生的成长成才提供精准指导，对扩招学生个性化规划发展路径，做到因材施教、育人成效可评估。

再次，智慧学工是学生管理高效运行的有效途径。智慧学工不是单向化的局部管理,而是以各部门之间的互动式全面管理为基础的一种数据化、网络化、规范化管理体系。[①]在这种管理模式下,各类资源互通共享,具有自动、批量处理各类信息的功能,不仅能提升学生管理工作的效率,而且能够把学生管理人员从繁杂的事务性工作中解脱出来,节省出更多的时间和精力去研究扩招学生的思想动态及行为特点,从而提升学生工作效能。

最后,智慧学工是激励学生自我发展的有力措施。高职院校以培养高素质技术技能人才为办学目标,学生是质量生成的主体。随着经济社会发展水平的不断提高和供给侧结构性改革的不断深化,岗位能力要求不断更新,学生的自我发展必须适应形势的变化。构建信息化平台有利于监测扩招学生发展全过程,学生本人也可以通过自我监测和学期小结对学习规划进行动态调整,增强自我发展的内生动力,养成终身学习的意识和能力。

2. 深刻理解大数据、智慧学工与学生管理

适应职业教育高质量发展和高职扩招背景下,要增强职业教育适应性,推进数据融合智慧学工平台建设,需要深刻把握大数据、智慧学工与学生管理之间的关系。

大数据助力学生精准管理。自2013年被认定为"大数据元年"后,大数据的魅力日益凸显,尤其在电子商务、社会管理、金融投资、社交网络、交通运输等多个领域彰显出其强大的精准性和预见性。大数据作为一种不可或缺的战略资源已经成为不争的事实。在这样的时代背景下,高校学生管理工作也面临新的挑战和机遇。关于大数据的定义,业内尚没有统一定论。通过网络搜索获取的信息研究机构给出的定义上看,大数据又称巨量资料,指的是需要新处理模式才能具有更强的决策力、洞察发现力和流程优化能力来适应海量、高增长率和

[①] 李有增,周全,钊剑.关于高校智慧校园建设的若干思考[J].中国电化教育,2018(1):112-116.

多样化的信息资产。大数据作为互联网时代的信息资产,其精准的分析给管理市场带来了无法估量的影响。那么,对高职院校的管理工作又将带来怎样的积极影响呢?高职学生管理工作是一项千头万绪的工作,凡是涉及学生的事情都要参与,心理健康、奖惩助贷、勤工俭学、社会实践、专业实习、寝室文化等。管理工作呈现出跨度大,时间长、范围广、事务杂的特点。因此,管理者在实际的工作中,即使花费再多的时间精力也无法做到全面、细致。再者由于学生管理工作牵扯面大,职能交叉较多,管理效率低下的现象在所难免。大数据时代,海量的数据资源得以归类整理,日常管理中看似毫无相关的数据都能成为管理的有效依据。高职院校可以充分利用学生个人信息、学习成绩、性格特征、社团活动、奖助学金、社交平台、社会实践等各种网络资源,对各类数据源的定位和链接,实现数据的采集、传输和汇聚,做到学生管理工作的有的放矢。[①]

智慧学工助力提升管理效率。智慧学工是智慧校园的重要组成部分,而智慧校园与数字校园是相互关联但又不同的概念。数字校园建设是建立在互联网技术的应用之下,通过互联网技术的合理运用,将学校教学、管理等各种信息变为数字化、集成化的大数据库,各大高职院校信息化网络平台即是这一应用的成果。通过该网络平台的使用,可以通过一个部门进行多部门的系统管理,从而节约了管理成本[②]。数字校园的建设更加偏向于教育信息系统和教学网络的建设工作。智慧校园的建设涉及更多方面的先进技术手段,例如大数据、云计算、人工智能等,在现有信息化系统和网络基础上,建立起更加全面且智能化的综合信息服务平台。顾名思义,智慧校园建设的关注重点集中在

---

① 丁文刚,朱阳瑾."大数据时代"背景下高职院校学生管理的思考[N].当代教育实践与教学研究,2016(01):135-136.

② 向晓华,浅析高职院校数字校园到智慧校园建设路径[J].南方农机,2020,51(09):229.

"智慧"二字，建设对象应该要求其具有感知能力、思维能力、学习能力、自我调节能力及决策能力。而最终智能化目标的实现则需要依靠于诸多先进信息技术。例如，我们在高职院校所见的智慧云课堂、手机借阅图书馆等，均属于智能方面的建设。

所谓智慧学工，是指基于信息化技术，将学生从入学到就业、从课内到课外的各项事务进行协同办理、各项数据进行协同整合，最终实现学生管理、学生服务、学生发展更加优质高效的信息系统。智慧学工基于云技术、物联网、人工智能、大数据等新一代信息技术的运用，使校园学生管理数据流、业务流、工作流深度融合而形成的信息化发展的新业态，具备四个基本特征：其一是网络融合。智慧学工涉及感知设备、网络设施、云储存等一系列基础设施。网络融合是实现所有这些设施相互贯通的基础。智慧学工要求整合校园内部无线网、有线网、物联网等各种网络，通过智能管理与智能控制，实现各类网络之间的无缝对接。其二是数据融合。数据融合是指对校园各类基础数据、应用数据进行融合，实现数据汇总、数据存储、数据分析。数据融合是智慧学工建设的核心，包括四个环节：（1）数据采集，采集来自不同学工业务范畴的数据，形成统一数据规范之下的标准数据源；（2）数据集成，汇总来自不同平台、不同系统的数据源，形成学生管理大数据；（3）数据运用，面向学生、家长、教师、社会等开发不同的应用平台，充分使用学生管理大数据；（4）数据挖掘，实时关联和分析动态数据，通过建立诊断与改进平台等方式实现数据挖掘、辅助管理决策。其三是平台融合。平台融合主要是指针对校园身份识别管理、数据统一管理、业务开发应用等需要，利用统一认证、云计算等技术进行整合建设，构建统一的校园基础支撑服务平台。平台融合是智慧学工建设的关键，目前普遍的做法是以云管理平台为基础，为用户提供统一的开发、运行和监控支持环境，并提供认证、安全、登录等多项支撑服务。如泉州海洋职业学院建立大学工平台，专门用于学生管理工作，学生可以在手机 App 上查询成绩、请假、与老师聊天，并使用在线学习等功能。其四是业务融合。业务融合是智慧学工的标志。业务融合是指打破传统的针对单个业务建设单个应用的方式，通过系统的设计和规划，将核心业务一次性设计到智慧学工统一平台，从而实现核心业务之间的相互联系和充分融合，破解核心业务难题，解决信息孤岛等问题。如湖北艺术职业学院充分利用 AIC 数字化校园信息平台，构建课堂教学、教师教研、学生学习、教学运行、控制反馈、家校沟通、学校安全管理一体化的数字化管理系统，并及时采集教学、育人、管理、服务等各方面的工作数据，把日常工作数据采集与教育部"人才培养状态数据采集"进行有效对接，提高数据采集的及时性、准确性，为学校日常管理决策提供实时有效的数据统计分析功能和信息依据。

3. 高职扩招下数据融合智慧学工平台建设的实践探索

智慧学工平台涉及学生方方面面，不仅体现在生活上、学习上，还体现在就业上，包含学生个人基本信息、生活消费、学习成绩、自主情况、评奖评优、就业创业等各类详细的信息数据。智慧学工的建立与使用，能够极大提高对学生的管理工作效率，特别是在生源多样化背景下，加快打造智慧学工平台就显得尤为重要。为此，高职院校做了一系列探索：

一是强化顶层设计，注重技术与业务融合。一直以来，教育一直是一项言传身教的体力活，教育管理工作就好比是老中医，"望、闻、问、切"缺一不可，工作开展全凭经验。大数据的出现，让教育决策和管理建立在客观分析的基础上，拥有大量的实证数据作为数据支撑，为教育管理的精确化、科学化提供了可能。高职院校在推进智慧学工过程中，通过管理过程的分析形成业务应用的标准流程，通过技术开发的实施形成基于标准流程的应用模块。一些院校开始重视技术与管理的衔接，使技术运用基于管理工作的业务需要，对具备线上开发条件的，尽快实现运用；对暂不具备线上开发条件的，加强线下业务办理中的数据采集。高职院校以大数据作为辅助手段，不仅能有效捕捉学生的共性的群体性特征，还能发现局部的细微动态的差异化区别。对于教育管理者而言，能及时发现存在的问题，有效分析，精准定位，对症下药，从而达到"靶向治疗"的准确管理，也只有大数据，才能实现教育管理由粗犷向精细转变。如重庆能源职业学院与阿里巴巴、腾讯合作，将大数据、人工智能等技术用于职业教育和学生管理，联合建设"数字能源"移动智慧校园平台，班主任利用该平台开展师生互动、咨询和心理辅导等，随时随地掌握学生信息，同时通过对学生日常学习生活情况的大数据采集和分析，不断优化学生管理模式，实现精细化、智能化管理。

二是加强队伍建设，提升信息化素养。高职院校的学生管理，包含招生、学籍、党团活动、社会实践、奖贷勤补、就业等众多活动，随着学生规模的增长，过程中会伴随产生大量的数据，我国高职院校学生管理队伍常见配置为班主任加辅导员的双重管理模式，管理上较为倚重人海战术。但自1999年高校扩招以来，学生数量的急剧增加，而师资力量相对滞后，管理人员的欠缺是许多学校的通病，辅导员配比一般都无法达到国家要求，管理人员经常处于"人少活多"的尴尬境地，随着新一轮规模扩张，这一现象也将进一步加剧。智慧学工平台的出现，通过大数据和人工智能技术，能大幅提升管理效率，将有效化解这一尴尬境地，但是对管理人员的信息化素养提出了更高要求。因此，各高职院校对信息化工作的重视程度进一步提高，并有意识地加强对管理人员队伍的信息化素养建设，为大数据背景下的精细化、高效化的学生管理打下了坚实的基础。如内蒙古商贸职业学院加快学生管理工作信息化进程，组织专兼职辅导员多次开展学生管理服务信息系统培训会，提升信息化管理水平，帮助辅导员精细化管理所带班级，同时向家长直观展示辅导员工作，及时掌握学生学习生活情况，实现辅导员工作的量化考核，开启"智慧学工"的新局面。

三是拓展数据库资源，破除"信息孤岛"。在学校，教书育人是根本，管理是途径，最终的目的是让学生能学有所长，学以致用。高等教育早已不再是高高在上的"象牙塔"，学生的培养工作要结合社会的变革，顺应用人市场的变化。因此，高校在注重科学性、系统性、普适性的原则下，还要兼顾前瞻性和开放性，改变现有职业院校管理工作中"信息孤岛"现象，[①] 积极拓展信息渠道，满足学生成长成才、全面发展的客观需要。在推进过程中，重构学生管理工作信息化系统，导入社会各行业领域和社会部门的数据，应建立一个综合性数据服务中心，做到信息共享，方便学生分享使用，更有利于相关部门对接学生管理工作，不断提升管理服务的质量和效益。例如在学生的专业设置、技能培养、学科竞赛、就业指导、素质拓展等方面都应提前做好信息导入工作，将学生的就业工作提前，从入学开始，有针对性地开展教育管理工作，做到毕业生的订单式培养，个性化管理，综合性发展的良性教育管理模式，为学校的可持续发展奠定坚实的基础。高职院校学生管理工作由于长期的管理模式的限定，存在着对数据保存不够重视，对存储数据的利用率不高、数据共享不充分、数据重复存贮等一系列的问题，导致数据的冻结，无法发挥其应有的作用。在新形势下的管理者应该高度重视大数据的使用，打破校内数据割据与封锁，拓展校外数据资源，挖掘数据背后的有效信息，紧紧围绕学生的专业学习、班级管理、学科建设、创业就业开展工作，为学生的成长成才提供有力的支持。如辽宁省交通高等专科学院依托人才培养状态数据采集与管理平台、高职院校适应社会需求能力评估平台和辽宁省高校综合运营监测与绩效管理平台，对各扩招专业开展人才培养质量督导评价，实施动态纠偏与循环改进，螺旋式提升教育教学质量。

---

① 向晓华.浅析高职院校数字校园到智慧校园建设路径[J].南方农机，2020，51(09)：229.

第四部分
未来之路：稳扎稳打推进高质量发展

2021年4月12—13日，第一次以党中央、国务院名义召开了全国职业教育大会，习近平总书记对职业教育工作作出重要指示强调"在全面建设社会主义现代化国家新征程中，职业教育前途广阔、大有可为"。大会的召开，充分体现了以习近平同志为核心的党中央对职业教育工作的高度重视，凸显了职业教育在国家人才培养体系中的基础性作用，对于立足新发展阶段、贯彻新发展理念、构建新发展格局、推动高质量发展，具有重大而深远的意义，是我国职业教育发展史上的重要里程碑。中共中央办公厅、国务院办公厅联合印发了大会配套文件《关于推动现代职业教育高质量发展的意见》，对接教育强国建设和《中国教育现代化2035》聚焦产教关系、校企关系、师生关系、中外关系，吹响了我国职业教育高质量发展的集结号。

2022年8月19—20日，世界职业技术教育发展大会在天津召开，习近平总书记向世界职业技术教育发展大会致贺信指出，职业教育与经济社会发展紧密相连，对促进就业创业、助力经济社会发展、增进人民福祉具有重要意义。中国积极推动职业教育高质量发展，支持中外职业教育交流合作。中方愿同世界各国一道，加强互学互鉴、共建共享，携手落实全球发展倡议，为加快落实联合国2030年可持续发展议程贡献力量。总书记的贺信，深刻阐述了职业教育对促进经济发展和民生改善的重要作用，为深化职业教育国际交流与合作增添了信心和动力。

面向未来，实现质量型扩招，应对挑战、把握机遇，需要推进职业教育系统改革，遵循系统观念，始终坚持"一盘棋"的大局观，加强前瞻性思考、全局性谋划、战略性布局、整体性推进。一方面，要跳出职业教育看职业教育，从服务国家战略和经济社会发展需要出发，从我国区域发展、产业发展和教育发展都不均衡的实际出发，在推进高质量教育体系建设的总体布局中准确定位职业教育、科学谋划职业教育。另一方面，要立足职业教育办职业教育，聚焦"提高质量"和"提升形象"这两大任务，坚持类型特色，推动现代职业教育高质量发展，努力把习近平总书记对职业教育"大有可为"的殷切期待转化为职教战线"大有作为"的生动实践。

第八章　高职扩招带来的机遇挑战

"2019年，有机遇也有挑战，大家还要一起拼搏、一起奋斗。"习近平总书记在二〇一九年新年贺词中，已经明确了我们所处的环境，确立了工作基调。不久后召开的全国两会，正式拉开了高职扩招的序幕。职业教育一头连着经济，一头连着民生，为地方经济和社会发展提供重要的人才和技能支撑，高职扩招专项工作实施以来，进一步凸显了职业教育对稳就业、保民生的重要作用。各地把高职扩招摆上重要位置，与地方经济社会发展统筹考虑，为推动地方加快发展现代职业教育、促进优质资源实现共建共享等方面创造了良好的机遇，并为建设现代职业教育体系、构建技能型社会打下了良好的基础。但扩招带来的规模迅速扩大、生源多样化等情况，也对职业院校进一步改善办学条件、加强教学组织、完善师资队伍、优化综合管理，进而保障教学质量提出了挑战。

第一节　推动地方加快发展现代职业教育

1. 凸显现代职业教育的重要作用

习近平总书记强调，就业是最大的民生工程、民心工程、根基工程，是社会稳定的重要保障，必须抓紧抓实抓好。当前，我国技术技能人才供求的结构性矛盾已经较为明显。一方面，产业基础高级化和产业链现代化带来的高端产业、新兴产业急需大量的高素质技术技能人才，实体经济，尤其是制造产业出现了较严重的用工荒，不仅缺乏高层次研发设计人才和经营管理人才，而且一线熟练技工尤其是高级技工非常紧缺；高端技术技能人才的严重不足已成为制约我国制造业转型升级的关键瓶颈。根据《机械工业"十四五"发展纲要》，相对于发达国家平均超过35%的高级技工占比，我国这一比例仅为5%。未来十年，随着社会人口老龄化程度的加剧，机械工业"招工难"问题将更为严重，特别是既掌握先进制造技术、又熟悉新一代信息技术的复合型工程技术人才将面临严重短缺。另一方面，大量的应届毕业生、退役军人、下岗工人等面临着就业难题。例如2019年，我国除了834万的应届高校毕业生面临就业问题，退役军人、辍学人员、失业人员，以及大量的农村剩余劳动力等群体也出现就业难的问题。据不完全统计，目前全国有农民工约2.88亿人，退役军人约0.57亿人，下岗工人每年约0.1亿人，此外还有残疾人约0.85亿人，四者相加则约4.4亿人，占全国14亿人口的1/3，[①]这一庞大群体的就业问题如不能得到妥善解决，将对我国的经济建设和社会稳定带来严重的负面影响。

高职扩招有效缓解了无技能或低技能初次就业状况，通过职业教育服务转岗需求和下岗再就业，为更多的社会特殊群体（如下岗工人、高素质农民等）提供学历职业教育机会，从存量优化的角度缓解技术技能人才供需结构失衡的矛盾，让各地对加快发展现代职业教育的作用和意义有了更充分的认识，发展现代职业教育的路径更加明确，举措更加具体，为进一步推进扩招工作、建设现代职业教育体系提供了良好的机遇。

2. 完善现代职业教育的发展路径

一是拓宽了职业教育招生渠道。传统的高等职业教育以高考为基础，录取标准首先以文化知识分数为参考依据。但在重点人群中，农

[①] 姜大源.论高职扩招给职业教育带来的大变局与新占位[J].中国职业技术教育，2019(10)：5-11.

民工和农村贫困人口等自身原有的经验、技能、特长并没有纳入现有的招生标准中，很难通过高职院校按照传统招生标准进行的文化考试。高职扩招推动职业教育探索建立职业教育高考制度，完善了"文化素质+职业技能"的考试招生办法，为多样化人才成长成才打通了路径。如福建省针对不同群体特点和受教育状况，采取了不同的评价方式。对于应届毕业生采取全省统一"文化素质考试+职业适应性测试"考试方式，对于退役军人、农民工、下岗工人等其他群体由高职院校根据专业培养要求组织"文化素质考试+职业技能测试"的方式。黑龙江省对三类群体分列计划、分别考核、分别录取；对普通高考、中职对口升学录取且有升学意愿的考生，均可填报高职扩招专项志愿，实现各类型招生录取的有机衔接。江西省在招生考试时，采取"职业能力适应性测试+综合素质评价"的方式，重点考查动手能力和实践能力。湖北省由各招生院校组织实施单独招生考试，要求针对不同群体，采用不同的考试模式；在录取方式安排上，由各招生院校综合考虑分类确定录取标准，确保有升学意愿且达到基本培养要求的考生能被录取。海南省针对中职毕业生、往届高中生以及退役军人、农民工、下岗工人、高素质农民等，组织四次高职单独招生考试。

二是扩大了职业教育人才培养范围。各地在实施扩招工作过程中，除"四类人员"外，还根据区域特点，对扩招的范围进行了拓展。例如江苏、山东、安徽、甘肃等省份出台专门办法，允许在本地务工6个月以上、具有高中阶段学历或同等学力及以上的外省户籍考生报考。宁夏回族自治区在前期扩招对象的基础上，增加了具有高中阶段学历或同等学力的企事业单位在岗职工、农村"两委"干部、非物质文化遗产传承人、民间艺人、工艺美术大师、注册运动员；河南将招生对象扩展到应往届普通高中和中职毕业生、退役军人、农民工、下岗工人、高素质农民、企业在岗职工、村"两委"干部等群体。陕西省联合农业农村厅实施高素质农民学历提升行动计划，将现职农村"两委"

班子成员、新型职业农民、乡村社会服务组织带头人、农业技术人员、乡村致富带头人等纳入扩招对象。四川省围绕构建"5+1"现代产业体系和"10+3"农业产业体系和"4+6"现代服务业体系，着重对电子信息、装备制造、食品饮料、先进材料、能源化工和现代农业、健康养老等领域特色专业建设予以倾斜等，进一步扩大了职业教育的影响范围。

三是提升了教师队伍的规模和质量。师资队伍编制不足是我国职业教育存在的普遍问题，为应对规模骤增带来的师资不足问题，各地在师资队伍建设上多措并举，不断提升教师队伍的规模和水平，不仅保障了扩招教学的顺利开展，也为地方在推进现代职业教育过程中解决人才难题提供了借鉴。一方面扩大专任教师队伍规模，湖南省加大师资引进力度，省、市有关部门进一步简化招聘手续，支持高职院校按编制标准规定自主聘用教师，采用固定教师编制和流动教师编制相结合的办法，从行业企业聘用兼职教师，保证扩招后专业教师需求。山西省多渠道引进教师，通过校企合作、"银龄讲学"、社会力量兼职、专项培育等途径解决教师队伍短缺问题。另一方面整合优质师资力量，加强兼职教师队伍建设，如广东省印发《广东省教育厅关于进一步加强和规范职业院校兼职教师队伍管理工作的通知》，提高兼职教师教学水平，全面落实教师到企业实践和轮训制度，促进教师专业发展。重庆市加快推进"双千双师交流计划"，互聘交流高校教师、企业技术技能人才444名，实施职业院校教师素质提升计划，培训高职院校教师1 000余人次。云南省鼓励和指导职业院校面向社会和企业聘用技术技能人才担任专兼职教师，承担技术技能课，在保留其身份属性不变的前提下，按合同支付薪酬。福建省开辟人才引进"绿色通道"，鼓励职业院校、高校从行业企业招聘技术人才和管理人才，加快补充急需的专业教师，推进教师与企业人员相互交流、互派互聘。

3. 加强职业教育经费省级统筹

由于职业教育具有技术技能要求高、实践教学比重大等特点，与普通教育相比，其对经费投入的需求更大。根据联合国教科文组织测算，职业教育办学成本是普通教育的3倍左右。从经费来源看，省级统筹是其主要来源。根据中国教育经费统计年鉴数据统计，2018—2020年高等职业教育经费连年增长，各地积极落实《国家职业教育改革实施方案》中"新增教育经费向职业教育倾斜"的要求，并结合高职扩招需求，2020年国家财政性教育经费投入共计1 898.63亿元，较2019年增加306.07亿元，增幅近20%。但各地受客观经济条件以及经费划拨渠道等因素影响，对职业教育的经费投入保障存在较大差异，直接影响现代职业教育的高质量发展。在高职扩招过程中，各地在落实经费保障上进行了深入探索和实践，尤其是在加大省级统筹方面形成了一些典型经验和做法，对解决我国职业院校普遍存在的办学基础薄弱问题具有重要的意义，为加强现代职业教育经费保障提供了有益借鉴。

一是落实扩招奖助学金政策。部分省份除对扩招学生进行直接资助外，还通过减免企业所得税形式鼓励企业职工接受职业教育。例如江苏省落实奖助学金最新政策，退役军人除可申请每生每年最高不超过8 000元的学费资助外，还对退役士兵每生每年给予5 000元生活补助；企业单位在职职工学费，按照国家规定可以从企业职工教育经费中支出，不超过工资薪金总额8%的部分，准予在计算企业所得税应纳税所得额时扣除，超过部分，准予在以后纳税年度结转扣除。福建省退役军人学费资助按高职院校实际收取学费金额执行，每生每年最高不超过8 000元，所需经费按现行渠道解决；农民工、下岗工人、高素质农民学费资助按每生每年不低于4 000元标准执行。

二是加强省级财政投入。部分省份根据扩招教学需要，安排专项资金用于支持扩招工作。例如广东省2019年累计安排省级以上财政专项资金约10亿元用于高职扩充学位，其中省级财政投入9亿元，按每生

2 000元的标准对实施两期扩招专项行动的高职院校给予奖补。海南省通过省财政将学费补助标准由每生 5 000 元提高到每生 10 000 元（录取给予 5 000 元学费补助、获得毕业证后再给予 5 000 元学费补助）。重庆市安排市级财政资金 0.94 亿元，落实高职学生资助提标扩面政策；对已录取的全日制在校高职学生生均经费补助，足额纳入年度预算；并加大对办学条件薄弱公办高职学校经费支持力度，对 5 所公办高职院校在建学生宿舍补助经费 7 500 万元。广西壮族自治区安排 9 298 万元优先用于解决高职扩招生均拨款。山东省通过发行地方专项债券，以此来帮助改善扩招学校的基本办学条件，2020 年省委、省政府将职业学校建设确定为补短板扩内需重点项目，各级总投资超过 650 亿元，覆盖全省 16 市、98 县（市、区）。

　　三是探索实施灵活多样的补助方法。为保证高职扩招经费投入落到实处，各地探索实施了先付后退、取证后补助、杂费减免、建卡资助等多种补助方法，取得了较好的效果。例如新疆生产建设兵团对连队"两委"班子成员实行按实际标准免学费政策，对幼儿园教师实行先行支付学费、毕业后学费总额分五年返还政策等。上海市浦东新区、金山区在新型职业农民取得学历证书后可申请学费全额补助。湖北省在报名考试费用上，对每年考生只收取 60 元报名费，不收取考试费，对前期已报名未录取的考生参加高职扩招考试免收报名费和体检费。湖南省协同对接"雨露计划"和同心温暖工程，对来建档立卡贫困家庭的社会人员给予适当资助。广东省高职扩招学生与普通高校在校生同等享受国家和省级资助政策，符合条件的农村从教幼儿园教师和退役士兵可另外享受退费或学费补偿政策。

4. 提升职业教育的社会影响力

　　在扩招实施过程中，各地大力开展各种形式多样、内容丰富的宣传推介活动，有效加深了社会对职业教育的认识，提升了职业教育的社会形象。例如山东省在报纸、电视台等与老百姓联系密切的新闻媒体上滚动宣传扩招政策，在山东教育卫视开设《总理喊你上大学》专题节目。上海市教育委员会与上海市退役军人事务局、上海市人力资源和社会保障局、上海市农业农村委员会、上海市总工会在扩招文件发布前，分别通过各自渠道做好政策"吹风"，文件发布时由市退役军人事务局、市人力资源和社会保障局、市农业农村委员会在各自官方网站、微信公众号转发相关文件、政策解读材料，并传达至其基层单位，各大主流媒体跟进报道。重庆市统一编印宣传新闻通稿，分送在渝新闻媒体，对扩招实施方案和相关政策进行深入解读，并通过重庆市教育委员会门户网站、官方微信微博等媒体进行全方位的专题宣传。云南省招生考试院协调省委宣传部、新闻处召开高考宣传工作会，提前向社会公布高职扩招单招考试招生工作计划，并通过网站、新闻媒体、微信等方式进行广泛宣传。福建省由教育、公安、人力资源和社会保障、农业农村和退役军人事务部门分别负责高中、中职应届毕业生和下岗工人、农民工、高素质农民、退役军人的宣传动员、职业界定和身份审核。内蒙古自治区依托基层公共就业服务平台、综合服务大厅窗口、各类招聘会现场宣传台并结合入户宣传，为有需求的下岗工人、农牧民工和外来务工人员做好政策解读服务工作。这些工作在有效宣传扩招工作的同时，也让社会对职业教育的意义和作用有了更深入的了解，职业教育的社会影响力明显提升，为地方推进现代职业教育创造了便利条件。

通过实施高职扩招，各地对职业教育作用的认识更加明确，协同管理机制更加健全，从招生渠道、培养范围、师资保障等方面完善了现代职业教育发展路径，探索实施了进一步强化经费省级统筹的路径和方法，职业教育的社会认可得到明显提升，从思想和方法上为推动地方加快发展现代职业教育创造了良好的机遇。

第二节 促进优质资源加快实现共建共享

1. 探索不同省域间资源合作共享路径

不同地区推动职业教育改革发展的基础和条件不尽相同,特别是西部地区职业院校普遍存在基础薄弱、投入不足等情况,将东部优质资源引入西部,可以缓解西部职业教育资源不足的问题。但在具体实施上,如何有效引入一直是个难题。高职扩招行动中,各地灵活采用"招""引"等方法,实现了优质资源的互补共享。

一是把学生招进来,分担西部培养压力。例如湖北省落实"中西部协作高职计划",积极组织该省高校到中西部省份扩大招生规模,共安排计划2.8万人,比去年增加2.2万人;广东省支持深圳市对口招收云南省昭通市建档立卡贫困生1 453人;浙江省结合中西部协作计划等途径,增加投放外省的高职院校招生计划等。招进来的学生使用当地资源,享受当地的支持政策,既保证了人才培养的质量,也缓解了西部困难地区的培养压力。

二是把人才引进来,提升本地条件。例如西藏自治区借助对口援藏、东西协作等渠道,采取购买服务等方式,充分挖掘教师潜力,解决教师不足问题,目前已通过转岗培训等方式培养了70名教师。在保证扩招教学工作的同时,也为职业教育东西协作探索了道路。

2. 丰富校企合作共建共享形式

产教融合、校企合作是职业教育办学的基本模式,也是办好职业教育的关键所在。多年来,各地职业院校已经探索建立了很多校企合作的典型形式,例如订单培养、现代学徒制人才培养等,为高素质技术技能人才培养提供了有力支撑。高职扩招行动中,由于生源的特殊性,各地在落实扩招任务的过程中,校企合作的形式和内容得到进一步丰富。

一是落实校企共建人才培养方案。例如山东省针对生源多样化特点，组织83所招生院校按照《教育部关于职业院校专业人才培养方案制订与实施工作的指导意见》要求，联合行业企业，分类、分专业制订937个专业人才培养方案。广西壮族自治区积极开展人才联合培养，落实好校企共同研究专业设置、共同设计人才培养方案、共同开发课程、共同开发教材、共同组建教学团队、共同建设实习实训平台、共同制订人才培养质量标准"七个共同"。

二是搭建区域学校和企业的互动平台。例如吉林省相关高职院校与一汽红旗、一汽轿车、一汽解放等企业共同搭建"校企实时交流互动平台"，针对不同层级人员的知识、技能、素质的差异分类，探索多元化人才培养模式。安徽省搭建智能化平台，将利用网上教学空间和在线直播平台合理组织教学，满足个性化学习需求，同时引入AI（人工智能）数据引擎，助力学生精细化管理。

三是中高职一体与企业合作开展人才培养。例如北京市教育委员会牵头，建立校企主导、政府推动、行业指导、学校企业双主体育人的合作机制，研究探索中职、高职、行业、企业合作开展全日制大专学历教育模式，中职、高职联合设计和实施项目人才培养方案，教学场地主要设在企业。

四是积极落实工学交替。例如福建省实行"二元制"人才培养，学徒工作、生活和学习主要在企业，工作与学习相互交替。部分实训课程安排在实训室，部分实训课程安排在上班时间的生产线，实现了工作岗位的职业行动与课程学习相互交替。

五是共建共享实践教学基地和师资队伍。例如湖南省根据专业教学需求，依托区域产业优势资源，联合现代农业企业，共建具有先进性、示范性、特色性的实践和创业基地，遴选省级优秀实践教学基地30家。四川省加强高职院校教师队伍建设，开展中职、高职、应用型本科教师团队研修和协同创新，推进教师和企业人员双向交流合作，完善教师到企业实践和企业人才到学校兼职任教常态化机制。

通过在扩招教学实践中强化校企之间优势互补、共建共享，不仅在培养目标上实现了学校供给和企业需求的有效对接，同时在培养过程中拓宽了平台资源、师资队伍、教学方法、实训基地等的合作路径，进一步加深了校企之间的理解和信任，为进一步深化产教融合、校企合作，走好职业教育类型道路创造了条件。

3. 加深职业教育校际合作

区域内职业院校在实训基地、课程资源等方面开展共建共享是提高资源利用效率、弥补院校办学基础不足的有效途径，国内部分地区已有了成功案例。但受院校间沟通等因素影响，尚未广泛普及。这次高职扩招专项行动中，在地方政府的统筹推动下，通过组建联盟、共建职教园区、加强同类院校以及不同类型院校之间合作等形式，创造出多种校际合作的新模式。

一是积极推动同类院校资源共享。例如上海市教育委员会推动相关高职院校积极行动，盘活校内外各类办学资源，通过采取新增办学校区、借用其他学校场地、灵活安排教学和住宿等方式，做好扩招学生的学习和生活安排。陕西省支持高校合作建设精品在线开放课程和专业教学资源库，促进优质资源共建共享。广西壮族自治区实施公办、民办高职联合培养，共建共享优质资源。

二是加强不同类型院校资源共享。例如安徽省鼓励应用型本科高校支持高等职业教育改革发展；鼓励优质高职院校在厅直属中专等优质中职学校设立专业学院，合作培养高职学生；支持现有师范学校与相关高职院校合作，扩大学前教育等专业招生规模；鼓励区域、行业职业教育集团内中、高职学校联合办学等。

三是组建联盟推进资源共享。例如宁夏回族自治区由教育厅牵头，建立各相关部门共同推进的高职扩招数据共用、政策互通、资金互补和资源共享制度，推动高职院校牵头建立跨行业、跨区域、跨层级的职业教育联盟，共享共用基础设施、师资力量、课程资源和实训基地，方便扩招人员就近学习和实习实训。

四是通过职教园区实现校际共建共享。例如天津市海河教育园区建成园区思想政治课共建共享联盟以及高校思政实践体验基地、生态文明实践基地等多个教育实践基地，组织园区职业院校思政课骨干教师进行集体备课、专题教研，有力推动了园区内院校思政教育的协同发展。

实现省域之间、校企之间、校际的优质资源共建共享，是在现有条件下加快发展现代职业教育的重要路径。通过高职扩招实践，各地在加强不同区域、不同主体间合作的省级统筹，激发职业院校和企业开展合作的动力和活力上开展了大量的有益探索，为推动现代职业教育高质量发展创造了机遇。

第三节　教学组织形式多样化对教育质量提出挑战

1. 规模激增对高职院校办学条件提出挑战

当前，我国高职院校办学基础仍然较为薄弱。从高等教育的投入结构便可看出，高职的投入保障依然任重道远。根据中国教育经费统计年鉴统计数据，2020年国家财政性教育经费总投入中，高职占比4.4%、本科占比16.1%，本科是高职的近4倍，而当年的普通本科在校生1 825.75万人，仅为高职在校生1 459.55万人的1.25倍，投入总量与其"半壁江山"体量的地位不相匹配。扩招后，学生规模的持续增加进一步加大了高职院校在教学设施和生活设施等方面的压力。而院校受建设规划、土地征收、审批手续等因素影响，短期内难以大规模扩充学位，相当一部分院校处于超负荷运转状态。

高职院校的管理权限主要在地方政府。按照高职生均拨款水平1.2万元测算，扩招100万人就需要投入120亿元，扩招三年即至少须增加财政投入 360 亿元。虽然中央财政加大了对职业教育转移支付力度，但受经济下行压力影响，部分省份地方财力吃紧，难以维系扩招后生均拨款水平。因此，在进一步加大职业教育办学投入的同时，通过广泛利用社会资源、提高优势资源共享互补等途径，加快补齐高职院校在基础办学条件的不足，是地方教育行政部门和高职院校面临的重要挑战。

2. 学生增加对高职院校师资队伍提出挑战

面对急剧增加的生源，高职院校首先要考虑的是"谁来教"的问题。当前，我国职业教育普遍存在编制紧张、师资短缺的问题。《2020年全国教育事业发展统计公报》显示，高职（专科）院校生师比为20.28：1，有相当一部分学校生师比没有达到基本办学条件的合格标准，同时高职扩招后多元化的生源结构对教师的数量和素养提出了更高的要求，形成了多重挑战。

首先是专任教师数量不足。高职每扩招 100 万人，按照高职基本办学条件合格标准中最低的生师比 18：1 计算，全国高职院校则需要增加 5.6 万余名教师，平均每所院校需增加近 40 名专任教师，考虑到教师退休自然减员和民办高职院校教师离职转行等原因，高职院校需要增加更多的专任教师才能满足扩招百万对教师的需求。但各地对高职教师队伍建设的政策保障差异较大，部分经济偏弱的地区教师队伍存在较大缺口。

其次是教师实践教学能力不足。技能培养是高职院校人才培养的特色与重点。《国家职业教育改革实施方案》虽然规定了"从 2019 年起，职业院校、应用型本科高校相关专业教师原则上从具有 3 年以上企业工作经历并具有高职以上学历的人员中公开招聘，特殊高技能人才（含具有高级工以上职业资格人员）可适当放宽学历要求，2020 年起基本不再从应届毕业生中招聘。"但为满足扩招生源激增对专任教师的迫切要求，高职院校基本上还是以招聘应届毕业生为主。部分院校的新进教师未落实到企业进行实践锻炼要求，入职后马上从事教学工作，"双师素质"更是难以实现。

最后是企业教师缺少教学经验。为解决扩招带来的师资队伍缺口问题，各高职院校大力从企业引进兼职教师，取得了较好的效果。但企业兼职教师长期工作在生产一线，对教育基本规律和学生心理缺少认知，普遍存在教学经验不足、教学方法单一等问题，往往难以把控扩招生源复杂的学情和多样化的需求。

高职扩招能够顺利达成预定目标，关键在于各地充分发挥主观能动性，较为稳妥地解决了师资队伍数量不足、结构欠佳的困难。如何将扩招中形成的典型经验进一步推广应用，完善职业教育教师培养和保障体系，培养更多适应职业教育现代化发展要求的优秀职业教育人才，是各地政府和职教战线面临的重要挑战。

3. 需求多样对高职院校教学质量提出挑战

"教什么"和"怎么教"是高职院校需要应对的第三个挑战。与应届生源相比，高职扩招的不同生源在学习目标、学习基础、学习能力、学习时间等方面存在较大差异，对教学内容、教学组织、考核方式等提出了更多的需求。单纯的学生数量增加可以通过合理调剂教学资源予以克服，但学生学习能力的差异性和学习目的的多样化，则需要靠进一步深化教育教学模式改革来解决。

一是在培养方案设计方面。人才培养方案是教学实施的依据和基础。扩招前，高职院校基本形成了以校内教学为主、以认知规律为序、理论与实践课程板块分明的培养方案体系。但扩招之后，相比应届生源零基础的初学者状态，社会生源中有部分人员从事或接触过相关领域工作，已掌握一定的专业技能，其年龄结构、学历背景、学习习惯和学习需求也有所不同，培养方案必须要在学制安排、课程设计、评价体系等方面重新进行设计，必要时可采用弹性学制、学分制等形式，以更好地达到扩招教学的目的。

二是在教学组织方面。扩招生源往往都是在职人员，其授课时间、授课地点难以集中、规律组织，实际上给高职院校在教学组织上提出了更高的要求，例如在师资安排、场地协调的方面，必须要灵活采用校内校外相结合、线上线下相结合等形式，因时制宜，因地制宜，必要时还可以采用错峰授课、送教上门等形式，确保教学质量。

三是在教学内容方面。通用的专业理论知识和基本技能难以满足社会生源的差异化需求，需要在此基础上提供个性化的指导，针对特定行业企业的岗位任职能力增加专业化的授课内容及前沿性知识，包括科技、产业发展等方面的动态信息等，确保扩招生源能够对教学内容感兴趣、有收获。但从另一角度来看，这也对各高职院校课程团队教学改革和创新提出了新的挑战。

四是在考核评价方面。要改革以分数对学生进行评价的传统做法，建立包括过程评价、增值评价等的科学评价体系，增加学习表现、技能水平、工作提升等的评价权重。同时，要注意将考核评价与职业资格证书和职业技能等级证书的获取相结合，将评价结果体现为学生可以直接应用的价值。

因此，基于多样化的学情，将正式教育和非正式教育有机结合，科学把握文化与专业、理论与实践教学课时的配比，实现课程教学的灵活性、多元化，是扩招后高职院校确保人才培养质量不降低必须面对的挑战。

4. 人员复杂对高职院校教学管理提出挑战

继"教什么"和"怎么教"之后，高职扩招带来的另一个重要的挑战是"怎么管"。扩招生源结构的多元化要求高职院校必须在思政教育、教学管理、学生管理上进行大幅度调整。对于应届高中毕业生而言，实施严格的、整齐划一的统一管理是当今大多数职业院校普遍采用的管理形式。但对于在年龄、心态上更为成熟的非应届生源而言，单纯的刚性管理方式不但很难起到应有的效果，甚至有可能会引起他们的反感。

一是要加强服务意识。高职院校目前的管理方式是围绕闭环办学模式而形成的，大都处于重管理、轻服务的阶段。要适应扩招办学的需要，高职院校的教学管理就要从封闭转向开放，从管理转向服务，树立"管理即服务"的理念，为不同生源的学习、生活、工作和就业创造条件、提供方便。

二是要处理好不同生源的关系。高职院校要加强对各类生源课堂之外的日常指导和干预调适，特别是要重视对应届生源与社会生源之间、社会生源内部之间的组织管理、复杂关系的协调和突发事件的处理，避免不同群体之间发生不必要的矛盾。

三是要"厚爱"与"严管"相结合。在规则范围内给予学生足够的自由和关爱是新时代高职院校的管理原则之一，但要实现扩招人才培养质量不降低的目标，高职院校必须强化立德树人根本任务，加强学生思想政治教育，严格教学管理与质量评价，绝不能"放水"。因此，在确保教学质量方面，高职院校必须从严管理，尤其是在课堂参与、作业完成、实践操作和能力考核等层面，需要有一整套严格的标准规范和信息化管理系统来记录、监控教学运行与管理。

教学管理是保证人才培养质量的重要手段，如何实现管理的刚柔并济，将管理与人才培养服务有机结合起来，以良好的管理进一步提升教育教学质量，是高职院校在扩招后的教学实践中需要应对的挑战。

第九章 把握机遇推进高质量发展

《中共中央关于制定国民经济和社会发展第十四个五年规划和二〇三五年远景目标的建议》明确提出"建设高质量教育体系""增强职业技术教育适应性"的政策导向和目标要求。近年来,国家密集实施中国特色高水平高职学校和专业建设计划、高职扩招专项行动、提质培优行动计划,出台《关于推动现代职业教育高质量发展的意见》,发布《国家职业教育改革实施方案》,可见国家对职业教育重视的程度之高、推动改革发展力度之大,我国职业教育迎来了新的重大发展机遇。当前,建设高质量经济体系、满足人民美好生活需要、塑造国际竞争新优势,对高素质技术技能人才提出了前所未有的迫切需求,这离不开高质量的职业教育。质量是职业教育的生命线,进入新阶段,经历高职扩招后的职业教育,要把握重大发展机遇,立足新发展阶段、贯彻新发展理念、构建新发展格局,坚持服务发展、促进就业的办学方向,以产教关系定供求、以校企关系定机制、以师生关系定方法,加快高质量发展步伐,提升全社会技能素质。

第一节 坚定正确的职业教育办学方向

偏离了正确方向,结果只会南辕北辙。不论高职扩招后生源群体如何多样、办学形式如何多元、教学模式如何灵活,但万变不离其宗,职业教育必须要遵循其自身规律,在正确的指导思想下,坚持立德树人、德技并修,坚持产教融合、校企合作,坚持面向实践、强化能力,坚持面向人人、因材施教,这也是职业教育的"安身立命之本"。

1. 始终坚持社会主义办学方向

一是坚持党的领导是职业教育持续发展的政治保证。2016年,习近平总书记在全国高等学校思想政治工作会议上明确指出:"我国高等教育发展方向要同我国发展的现实目标和未来方向紧密联系在一起,为人民服务,为中国共产党治国理政服务,为巩固和发展中国特色社会主义制度服务,为改革开放和社会主义现代化建设服务。"这"四个服务"同样是办好职业教育的根本。职业教育主要肩负为党和国家培养数以亿计的高素质劳动者和技术技能人才的任务,毫无疑问是巩固我们党的执政基础、完善中国特色社会主义制度的重要力量。只有充分发挥党总揽全局、协调各方的核心领导作用,才能确保职业教育沿着正确方向不断开拓前进。

二是坚持正确办学方向是职业教育健康发展的关键所在。2020年9月,习近平总书记在教育文化卫生体育领域专家代表座谈会上强调,"要大力发展职业教育和培训,通过实现更加充分、更高质量的就业扩大中等收入群体,释放内需潜力",这要求职业教育,必须面向市场办学,以就业为导向,帮助学习者掌握就业、创业本领。只有紧紧抓住服务发展、促进就业这个职业教育的初心和使命,才能让职业教育更好地与经济社会同频共振、协调发展。一方面,主动根据区域经济社会发展需求调整专业结构,通过优先发展新兴专业,加快建设人才紧缺专业,改造升级传统专业,撤并淘汰供给过剩、就业率低、职业岗位消失的专业,形成紧密对接产业链、创新链的专业体系,以内涵建设推动专业升级改造。另一方面,积极开展校企合作,有机组合教育资源,形成校企命运共同体,推行现代学徒制等培养模式,让行业企业真正成为人才培养的主体。

三是坚持立德树人是职业教育加快发展的根本任务。习近平总书记强调"青年的价值取向决定了未来整个社会的价值取向，而青年又处在价值观形成和确立的时期，抓好这一时期的价值观养成十分重要"。职业学校的学生正处在人生成长的"拔节孕穗期"，最需要精心引导和栽培。同时，职业学校承担着培养"大国工匠"后备军的重要使命，学生的理想信念、职业道德、技术技能在很大程度上决定着"中国制造""中国品牌"的水平。只有把提升职业技能与塑造理想信念、培育职业精神有机融合起来，做到德技并修、德才兼备，才能为学生成长成才、终身发展筑牢基础，才能造就源源不断的高素质产业大军，培养更多社会主义合格建设者和可靠接班人。

2. 坚定不移走类型特色的发展道路

"职业教育与普通教育是两种不同教育类型，具有同等重要地位"，这是党中央、国务院在构建高质量教育体系大局中作出的战略判断。在2021年对职业教育工作作出的最新指示中，习近平总书记抓住"优化职业教育类型定位"这个首要问题，系统部署了新时代新征程上职业教育改革发展工作。比如，在发展路径上，强调要"深化产教融合、校企合作"；在关键改革上，强调要"深入推进育人方式、办学模式、管理体制、保障机制改革"；在发展重点上，强调要"稳步发展职业本科教育，建设一批高水平职业学校和专业"；在发展要求上，强调要"推动职普融通，增强职业教育适应性，加快构建现代职业教育体系，培养更多高素质技术技能人才、能工巧匠、大国工匠"；在战略价值上，强调要"为全面建设社会主义现代化国家、实现中华民族伟大复兴的中国梦提供有力人才和技能支撑"。这些重要论述深刻回答了新时代新征程上应当发展什么样的职业教育、怎样发展职业教育的一系列重大理论和实践问题，而其逻辑起点就是怎样认识、把握和优化"职业教育类型定位"。

职业教育与普通教育具有各自独特的功能，相互之间不可替代。必须通过深化教育结构、教育评价、教育投入等方面的系统性改革，发挥好两种不同教育类型在人才培养上的作用，更好履行各自的教育使命，彰显各自的社会价值，最终形成与社会人才需求相适应的、一体两翼协调发展的高质量教育体系。

3. 牢固树立人人出彩的科学人才观

正如党的十九届六中全会决议指出的："党和人民事业发展需要一代代中国共产党人接续奋斗，必须抓好后继有人这个根本大计。"而谋划和落实这个根本大计的一项重要任务，就是"要源源不断培养造就爱国奉献、勇于创新的优秀人才，真心爱才、悉心育才、精心用才，把各方面优秀人才集聚到党和人民的伟大奋斗中来"。这里突出强调的是包括"高素质劳动者和技术技能人才"在内的"各方面"优秀人才。

纵观我国人才培育和发展史，虽然经历了从计划走向市场、从分层走向分类、从学历走向能力、从单一走向复合等一系列变化，但其核心要义始终是坚持以人民为中心，着眼更高质量和更充分就业，倡导"人人皆可成才，人人尽展其才"。党的十八大以来，习近平总书记对人才工作作出一系列重要指示批示，多次强调要在全社会弘扬精益求精的工匠精神，提高技术技能人才社会地位，激励广大青年走技能成才、技能报国之路。在2021年召开的中央人才工作会议上，习近平总书记从实施新时代人才强国战略，加快建设世界重要人才中心和创新高地出发，再次强调要为各类人才搭建干事创业的平台，构建充分体现知识、技术等创新要素价值的收益分配机制，让事业激励人才，让人才成就事业。建设高质量教育体系，首要任务是树立科学人才观，处理好大众教育和精英教育的关系，既要"强峰"，又要"厚基"，不断丰富和优化教育供给。只有面向每个人提供不同层次、不同形态和不同类型的国民教育服务，才能让每个人都能通过接受适合自己的教育实现各自人生出彩的目标。

4. 坚决落实高度重视、加快发展的工作方针

职业教育跨越职业和教育两大领域、跨越企业和学校边界、跨越

工作和学习界域，同经济社会发展联系最直接、最紧密。因此，办好职业教育需要全社会支持，中央、地方、行业、企业、学校都有相应的义务和责任。2014年，习近平总书记要求各级党委和政府把加快发展现代职业教育摆在更加突出的位置，更好支持和帮助职业教育发展。2021年，习近平总书记再次强调，"各级党委和政府要加大制度创新、政策供给、投入力度"。加大制度创新，就是要完整准确全面贯彻新发展理念，用改革的办法解决好制约职业教育发展的关键问题；加大政策供给，就是要整合政策举措、优化资源配置、拿出实招硬招，厚植职业教育改革发展的土壤；加大投入力度，就是要加快改善职业教育的办学条件，更好支持和帮助职业教育发展，让职业教育更优质更公平。

第二节　加快构建现代职业教育体系服务质量型扩招

加快构建现代职业教育体系，这既是职业教育发展的方向和根本遵循，也是职业教育面向2035年的核心任务和逻辑主线，主要任务是树立科学发展理念、构建学校教育体系、健全办学格局、创新育人模式，对于服务"标准不降"的质量型扩招有重要推动作用，有利于通过一体化体系为更多的社会人员、学龄青年提供技能提升和成长成才的通道，有利于通过办学能力提升促进高等职业教育战线实现整体办学水平。

1. 精准定位，明确现代职业教育发展价值理念

职业教育在培养目标、课程体系、育人方式等方面与普通教育有着明显区别，"不同类型、同等重要"已成为广泛共识。作为一种教育类型，职业教育必须遵循技术技能人才培养规律，准确把握现代职业教育的思路和地位，突出面向市场的就业教育，以市场需求为导向优化调整层次布局结构，帮助学生实现更高质量就业；突出面向能力的实践教育，聚焦能力培养这个关键点完善培养模式，改革教学方法；突出面向社会的跨界教育，建立统筹发展机制，有效整合企业、院校、行业、政府各类资源，促进人才和技能供需匹配；突出面向人人的终身教育，为人人尽展其才创造条件，让每个人都有人生出彩的机会。

2. 纵向贯通，打通技术技能人才的成长成才通道

一体化的教育体系是职业教育成为一种教育类型的前提，让"想就业上职校、抓民生办职校、兴产业找职校"成为社会共识。其中，学校体系一体化是基石，要巩固中职基础地位，推进高职专科提质培优，稳步发展本科层次职业教育；标准体系一体化是核心，要加快完善专业、教学、课程、实习、实训条件"五位一体"的国家标准；培养体系一体化是支撑，要稳妥推进职业教育高考改革，完善"文化素质＋职业技能"考试招生办法，完善"五年一贯制""高本贯通"等培养形式；育人机制一体化是保障，要坚持德技并修、育训结合，加强以培养工匠精神为核心的思想政治教育；评价体系一体化是导向，要建立科学的、符合职业教育类型特征的评价体系。

3. 开放融合，健全多元主体共同参与的办学格局

职业教育是面向所有行业领域的教育，没有各方面参与就办不好职业教育。应在保证职业教育基本公益属性的前提下，加快由"办"职业教育向"管"职业教育转变。创新校企合作基本办学形式，抓好激励政策落地，鼓励社会力量参与办学，通过联合办专业、办二级学院、共建实训基地等方式，实现校企互利共赢。丰富多元办学主体，发挥国有企业办职业教育的优势，支持民办职业教育发展；支持行业办学，鼓励上市公司、行业龙头企业办职业教育，财政经费对参与办学的国有企业、民营企业一视同仁。

4. 以产定教，创新校企双主体深度合作的育人模式

职业学校生源渠道多样、市场需求多样，因而职业教育的培养模式必须灵活多样。坚持校企双主体育人，在及时总结学徒制试点成功经验的基础上，大力推广政府引导、行业参与、社会支持、校企双主体育人的中国特色学徒制。积极探索岗课赛证融合（岗是工作岗位，课是课程体系，赛是职业技能大赛，证是职业技能等级证书），把新技术、新工艺、新规范及时纳入教学，把企业典型案例及时引入教学，把职业资格证书、职业技能等级证书内容及时融入教学。大力推进教学模式内容方式改革，强化工学结合、理实一体教学模式，按照生产实际和岗位需求设计开发课程，普及推广项目教学、案例教学、情景教学、工作过程导向教学，广泛应用线上线下混合教学。

第三节　全面提升学校内部治理效能

内部治理效能提升是一所高职院校发生质量变革的必然结果。党的十九届四中全会明确了推进国家治理体系和治理能力现代化的指导思想、总体要求、总体目标和重点任务，对高职学校优化内部治理和治理能力有重要的指导价值。促进扩招院校更好地服务不同学习基础、学习兴趣、学习动机的学生成长，需要政府、行业、企业、学校等多元主体要以新修订实施的《中华人民共和国职业教育法》（2022年修订）为法律保障，完善高职院校的保障机制，不断优化内部治理结构，促进高职院校实现高水平、高质量发展。

1. 加强投入和队伍建设，强化持续健康发展的保障机制

保障机制管根本、管长远。从人财物、软硬件等方面健全机制，为职业教育持续健康发展提供有力支撑。完善多元投入机制，进一步落实新增教育经费向职业教育倾斜的要求，健全多元投入机制，形成全社会共同支持职业教育发展的合力。加强师资队伍建设，打破学历和文凭的条框限制，健全"固定岗+流动岗"的教师管理制度，拓宽从行业企业选拔优秀教师的渠道，构建职前职后一体化、校企双主体的教师培养培训体系，建立科学的领导干部选用、培养、交流、退出机制。

2. 平衡规模和质量，增强高职院校办学水平

一方面，实施好达标工程。落实好党中央"实施中职、高职办学条件达标工程""改善职业教育办学条件"的工作部署，按照"中央引导、地方为主、加大投入、分类推进"的原则，全面启动实施"职业学校办学条件达标工程"，一边加大财政引导资金投入，一边用好金融等激励政策，吸引社会力量积极参与，协同各方把这项基础性工作做扎实。另一方面，建好职业教育"样板间"。目前，全国已有197所国家级"双高计划"建设单位，各地还启动建设了近千所省级"双高学校""双优学校"。要发挥好这些引领示范学校的作用，加大政策引导和资金支持，做好绩效评价与管理工作，在推动职业教育高质量发展方面作出品牌引领、窗口展示、标杆打造、样板建设的贡献。

3. 对接数字经济建设，深入实施数字化战略行动

教育数字化是弥补数字鸿沟、减少教育发展不平衡不充分问题的重要手段，是促进人的全面发展和社会全面进步的重要内容。要发挥信息化支撑作用，推动现代信息技术与教育教学深度融合，加快数字校园建设，创新信息化环境下教育教学模式。下一步职业院校数字化转型将按照"应用为王、服务至上、示范引领、安全运行"的总体思路，重点解决好四个问题：一是构建职业教育智慧治理系统，用数据支撑科学决策和高效管理，解决好管理部门多、工作链条长、信息衰减快等问题。二是用信息化改造传统教学，应对职业教育生源多元化、学习方式多样化、学习终身化的趋势，解决好实习实训看不到、摸不着、进不去等问题。三是以"信息技术+"升级传统专业，增强职业教育适应性，解决培养内容跟不上、不管用等问题。四是搭建共建共享资源平台，运用现代信息技术促进城乡、区域、校际和师生之间的资源共建共享，形成多方衔接、相互呼应的协同发展机制。

后　记

"职业教育前途广阔、大有可为。"习近平总书记一直高度重视职业教育工作，曾作出一系列重要论述，亲自推动相关改革。职业教育是面向人人、面向全社会的教育，对各类技术技能人才，只要有学习意愿，就应该不拘一格，让更多青年凭借一技之长实现人生价值，让三百六十行人才荟萃、繁星璀璨。在全面建设社会主义现代化国家新征程中，每个人都应该有机会谱写自己的诗篇。高职扩招应运而生，这是党中央、国务院立足经济社会发展大局作出的重大决策部署，是职业教育的重大发展机遇，将对经济社会发展产生重大影响。

本书对高职扩招的总结梳理，是以时间脉络轴为主线，首先从背景及意义出发，认识高职扩招背后承担的使命；再到具体落实，从中央与地方不同层面了解规划设计与具体行动，同时聚焦教育本身，展示高等职业教育在落实立德树人根本任务的不懈努力、实施成效和经验成果；最后展望未来，辩证看待机遇与挑战，尝试描绘扩招后高等职业教育高质量发展的路径与方法。希望这本书能够帮助广大读者对高职扩招有进一步了解，能够为教育部门、职业院校提供参考，为职业教育的高质量发展作出一点贡献。

本书的顺利完成，离不开各方面的关心、指导和支持。在书稿的撰写过程中，设计了全书的总体思路与结构，与一批职业教育领域的青年学者，共同组建了编写团队，进行多次研讨和认真撰写。感谢教育部职业教育与成人教育司对本书的大力支持与指导，感谢教育部职业

后 记

教育发展中心提供的大力支持，感谢高等教育出版社的精心策划和辛苦付出。

教育本身就是一个大命题，而且与每个人都切身相关。谈起高职扩招，大家都能说上两句。因此，书中的思考也仅是编著者的一些理解和感悟，尚存诸多不足，敬请广大读者批评指正。

编著者

2022 年 12 月

郑重声明

高等教育出版社依法对本书享有专有出版权。任何未经许可的复制、销售行为均违反《中华人民共和国著作权法》，其行为人将承担相应的民事责任和行政责任；构成犯罪的，将被依法追究刑事责任。为了维护市场秩序，保护读者的合法权益，避免读者误用盗版书造成不良后果，我社将配合行政执法部门和司法机关对违法犯罪的单位和个人进行严厉打击。社会各界人士如发现上述侵权行为，希望及时举报，我社将奖励举报有功人员。

反盗版举报电话　（010）58581999　58582371
反盗版举报邮箱　dd@hep.com.cn
通信地址　北京市西城区德外大街4号
　　　　　高等教育出版社法律事务部
邮政编码　100120

读者意见反馈

为收集对教材的意见建议，进一步完善教材编写并做好服务工作，读者可将对本教材的意见建议通过如下渠道反馈至我社。

咨询电话　400-810-0598
反馈邮箱　gjdzfwb@pub.hep.cn
通信地址　北京市朝阳区惠新东街4号富盛大厦1座
　　　　　高等教育出版社总编辑办公室
邮政编码　100029